讲给孩子的
科学通识课

动物世界

童 心 / 编著

U0314014

化学工业出版社

·北京·

图书在版编目（CIP）数据

讲给孩子的科学通识课.动物世界 / 童心编著. —北京：
化学工业出版社，2023.11
ISBN 978-7-122-44120-1

Ⅰ.①讲… Ⅱ.①童… Ⅲ.①科学知识-儿童读物②动物-
儿童读物 Ⅳ.①Z228.1②Q95-49

中国国家版本馆CIP数据核字（2023）第173924号

责任编辑：史　懿　　　　　　　　　　装帧设计：刘丽华
责任校对：宋　玮

出版发行：化学工业出版社（北京市东城区青年湖南街13号　邮政编码 100011）
印　　装：天津图文方嘉印刷有限公司
710mm×1000mm　1/16　印张10　字数150千字　2024年1月北京第1版第1次印刷

购书咨询：010-64518888　　　　　　　售后服务：010-64518899
网　　址：http://www.cip.com.cn
凡购买本书，如有缺损质量问题，本社销售中心负责调换。

定　　价：49.80元　　　　　　　　　　　版权所有　违者必究

科学
早知道

在美丽的地球家园里，生活着各种各样的动物，它们是人类最亲密的朋友，不仅让我们的世界变得更加丰富多彩，同时还负责维持着大自然的生态平衡。

在一望无际的非洲大草原上，数以百万计的角马正浩浩荡荡地前行；在酷热干旱的沙漠里，一列骆驼正慢悠悠地穿行在风沙中；在广阔的天空，一群鸟儿正翱翔天际；在号称"世界屋脊"的青藏高原上，一群藏羚羊正在奋力奔跑；在寒冷的北极，一只北极熊正带着两只熊宝宝找寻食物；而在昏暗的深海，凶猛的鲨鱼正在用它敏锐的嗅觉搜寻海洋里的猎物……本书聚集了地球上海、陆、空最引人注目、最激发人们兴趣的几百种动物。在这里，它们或神秘或奇特或疯狂或令人吃惊的生活习惯和生存法则，将被一一揭开。这本书历时两年编写、绘画，有趣的插图，精美的设计，翔实的内容，相信能够极大地丰富同学们的课外生活，激发阅读兴趣，增长知识。

就让本书引领同学们去探寻动物世界中那些未知的奥秘，愿你们在求知路上快乐前行，在知识的海洋里自在遨游！

童　心

2023 年 9 月

目 录

第5章 稀奇古怪的动物 / 126

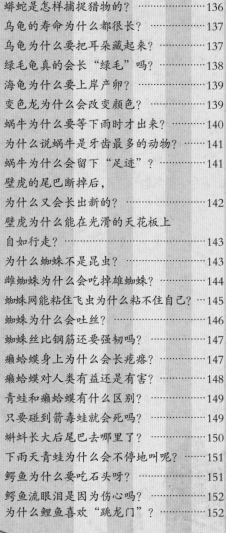

动物也有自己的语言吗?

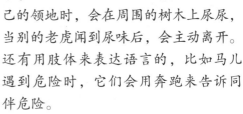

小朋友们，不要以为只有人类才有自己的语言，动物也有自己的语言哦！它们表达语言的方式既多又神秘，一些语言连科学家都无法破译呢！

听，蜜蜂的翅膀发出"嗡嗡"声，蟋蟀用翅膀发出如音乐一般的声响，这些都是声音语言，它们用声音交流，传递着信息，就好像我们说话似的。

比较神奇的是，一些动物居然能用气味交谈，比如蜂王，当它想招引工蜂为自己服务时，就会分泌出一种唾液，唾液散发出来的气味能把工蜂招来；老虎宣示自己的领地时，会在周围的树木上尿尿，当别的老虎闻到尿味后，会主动离开。还有用肢体来表达语言的，比如马儿遇到危险时，它们会用奔跑来告诉同伴危险。

怎么样？动物们"交流"的方式是不是很特别呢？当然，它们的语言远远不止这些。

为什么动物会灭绝?

通过阅读，我们会发现有些动物随着时间的流逝而灭绝了。实际上，动物灭绝的原因多种多样。小朋友们看过动画片《冰河世纪》吗？当时，大地被白茫茫的冰川覆盖着，动物们找不到足够的食物，最后只能死亡，其实，这归根于气候的变化无常。有时候，火山爆发、地震、天降陨石等灾害也会导致一个物种的灭绝。

在今天，仍然有很多动物面临灭绝的威胁。比如，由于人类喷洒有毒的化学制剂，导致许多昆虫中毒死亡，而那些以昆虫为食的动物，比如鸟类找不到食物，进而也会饿死。当人类大量砍伐树木时，以树叶或果实为食的一些动物也会面临生存危机。

因此，我们要保护好自然环境，不破坏生态食物链，与动物和谐共生。

1

动物从来不刷牙，会不会得牙病？

小朋友们都知道每天要刷牙，不然就会得牙病，非常痛苦。可是，动物没有手，它们从来不刷牙，那它们会不会得牙病呢？

经过人们多年的观察，绝大多数的野生动物都没得牙病呢！知道这是为什么吗？因为它们的寿命不长，几乎在牙齿彻底坏掉之前就死掉了。不过，也有一些野生动物的寿命长于牙齿的寿命，所以牙齿经常出问题。像生活在海洋中的虎鲸，它们的牙齿不是断了，就是牙床磨损或长脓疮。

当然，动物们牙疼是有原因的。因为它们很少有牙腔，沾在牙齿上的牙垢给牙床带来了巨大的麻烦，由于无法清洗，牙病会非常严重。久而久之，它们牙齿周围的骨头就会生病，牙床化脓，甚至使牙齿掉落。

智慧大本营 ↑

许多动物的一生只换一次牙，而鳄鱼却不同，它一生中会换牙无数次。这是因为它的旧牙会定期脱落，并长出新牙。一般小牙在老牙的下方孕育，长成之后就会把老牙挤出去，成为新牙。

动物之间有等级吗?

动物之间有等级吗? 答案是肯定的, 在绝大多数群居动物中等级观念十分明显。动物学家研究发现, 动物之间的等级系统有三种, 分别是独霸式、循环式和单线式。

蚂蚁家族的等级争斗

在独霸式中, 一个动物群体当中只有一个王者, 它位高权重、一呼百应, 具有绝对的领导权, 而其他个体则不分高下。

在循环式中, 动物群体成员的等级是不断变化的, 它们之间通过打斗等方式掌握霸权, 以确立自己在群体中的地位。

在单线式中, 动物群体的成员有固定的顺序, 它们按照这个顺序排列, 等级森严, 不可逾越。比如排在第二位的要绝对服从第一位; 新来的个体必须通过打斗确定在群体中的等级地位, 如果越界的话, 会受到严酷的惩罚呢!

在大草原上, 猛兽时常追着食草动物跑, 这是为什么呢? 因为它们要吃肉。食草动物就比较可怜了, 吃个草都吃不安稳。不过, 同样是动物, 怎么就有吃肉吃草之分呢?

首先是牙齿, 仔细观察会发现, 食肉动物的犬齿特别锋利, 能够轻松地撕裂肉块, 而食草动物的白齿发达, 适合咀嚼植物。

其次是胃, 食肉动物的消化道和分泌物无法及时地消化植物, 而食草动物恰恰相反, 有的有多个胃, 还有反刍的习性, 可以反复咀嚼消化植物。

小朋友们, 食肉动物都很凶狠, 它们会主动进攻, 而且还拥有灵敏的嗅觉、矫健的身姿、完美的捕猎技巧, 这些条件让它们注定站在食物链的顶端。

为什么动物有的爱吃肉, 有的爱吃草呢?

冷血动物的血是冷的吗?

说到冷血动物,我们首先想到的就是蛇。那么,冷血动物的血真的是冷的吗?

答案当然是否定的。一些冷血动物被猎杀后,放出它们的血,还会冒着热气呢!之所以被称为"冷血",是因为它们的血液很敏感,能够随着温度的变化而改变。不同的动物,它们调节体温的方式不一样。比如鱼,它们会根据水的深浅来调整身体温度,而蛇则会找块大石头躺上去晒太阳。

小朋友们,其实冷血动物血不冷,只是当体温上升之后,它们才能去活动、捕猎。

智慧大本营 ↑

冷血动物也会发热的哦!如果蜥蜴在晒太阳时感染细菌,就会生病发热。但是,不用担心,它很快就会自己好起来。而发热对蜥蜴来说还是好事呢!因为发热能帮助它抑制细菌的生长,还能增强身体的抗损伤能力。

每个人都做过梦,梦到开心的,我们会哈哈大笑;梦到害怕的,我们想尽快醒来。难道只有人类会做梦吗?答案是否定的,因为有些动物也会做梦呢!

对此,科学家们做了一个有趣的实验。他们将一个反复出现同样画面的屏幕放在了猴子的面前,画面每出现1次,就强迫猴子推动身边的一个杠杆。久而久之,猴子就形成了习惯。有1次,猴子在睡觉的时候居然去推动杠杆,无疑,它梦到了屏幕上的画面。

研究表明,绝大多数的爬行动物、两栖动物、无脊椎动物、鱼类都不会做梦,鸟儿会做梦,但很短暂。

宠物会传播疾病吗？

　　宠物，尤其是狗和猫已经成为很多家庭生活的伴侣。但是，可爱的宠物在给我们的生活带来欢乐之时，也增加了传播疾病的可能性。

　　研究人员指出，宠物身上有12种常见病呢！其中，宠物寄生虫中弓形虫对人的危害最大，得这种病最初表现为感冒，人一旦感染，就会莫名其妙地高热，还会造成孕妇流产或畸胎呢！

　　大家不要紧张，不是说所有宠物都会传播疾病哦，适当的处理和防范就能够避免。此外，宠物医生还建议不用经常给动物洗澡，这主要有两个原因，一是动物的皮毛会分泌出大量的油脂，能直接保护自己不受寄生虫的侵害；二是有些宠物的体温高于人的体温，经常洗澡容易着凉或生病哦！

动物生病了怎么办？

　　我们生病了，就会去看医生，吃点药，打点针，过几天就痊愈了。那动物们生病怎么办？

　　其实呀，动物们既是患者又是医生呢！它们用自己的方法为自己治疗。比如，猫或狗在受伤后，就会不停地用舌头舔自己的伤口，几天后，你会发现它们的伤口就痊愈啦！原来是猫和狗的唾液成分发挥了作用，它们的唾液中含有能使伤口愈合的物质。生活在非洲的黑猴，当它们出现食欲不振、排泄不畅等症状时，就会寻找一种向日葵，吃下嫩叶后，病就好了。原来，这种向日葵中有一种油状物，可以杀死肚子内的寄生虫和真菌呢！

　　看吧，动物们多有本领，能够给自己治病呢！

地震前动物为什么会表现异常？

很多动物在地震前会表现异常，比如，狗会狂吠；牛惊叫、不肯进食；鱼会跃出水面；老鼠即使在白天也会从洞里跑出来；冬眠的蛇在冬天也会爬出来，等等。为什么地震前动物都会有如此异常的表现呢？

有科学家认为，这可能与动物灵敏的嗅觉、听觉有关，它们能够感觉到地震前产生的气体和爆裂声。也有科学家指出，当周围的环境发生变化时，动物体内会产生一种激素，从而引起动物异常。原来，地震发生前，岩石爆裂时产生了大量的电子流，而电子流使周围空间产生了很强的静电荷。静电荷使动物体内产生一种特殊的神经激素，进而刺激中枢神经，使动物产生各种各样的反常行为。

总之，动物在地震前表现异常的原因是非常复杂的，不同动物有不同的表现。因此，科学家就会根据动物在震前的异常表现，来预报地震，以减少地震造成的损失。

为什么动物的舌头奇形怪状？

动物不仅样貌千差万别，就连舌头也是长得奇形怪状哦！

啄木鸟能吃到树里面的虫子，这是因为它的舌头又细又长，上面还长着一排小倒钩，能够轻易地伸入树洞钩出里边的害虫；老虎等食肉动物的舌头上长着很多肉刺，在进食时，舌头就能舔舐干净猎物骨头上的碎肉；长颈鹿的舌头长达60厘米，能轻易地把嫩的枝叶卷起来吃掉；而食蚁兽的舌头是最长的，它能轻易地伸入蚁窝粘住白蚁，然后吃掉；青蛙的舌头更特别，它的舌根长在下颌的前方，舌尖蜷缩在口腔内；蛇的舌尖是分叉的，舌头与嗅觉器官相通，因此，蛇经常伸出舌头，探闻周围的气味。

动物的舌头根据它们的习性不同，才有了各种稀奇古怪的形状。

动物的血液都是红色的吗?

大多数动物血液的颜色都是极其常见的红色,那么是不是所有动物的血液都是红色的呢?答案是否定的!而且,动物血液的颜色还多种多样呢!

比如,蚯蚓的血液是玫瑰红色的,虾的血液是青色的,河蚌的血液是蓝色的,而有些蜘蛛的血液是青绿色的。这些动物的血液颜色都还不算神奇,有一种在深海中生活的扁蜫虫,它的血液不是单一颜色,竟然能够变色,一会儿是绿色的,一会儿又变成红色的了。

知道动物血液为什么会呈现出这么多的颜色吗?原来,血蛋白所含有的元素决定血液的颜色,比如,含有氧化铁就呈现红色,含铜离子就呈现蓝色。而各种动物在进化的过程中,血色蛋白含有的元素产生了不同的变化,所以动物的血液也就呈现出各种颜色啦!

为什么有的动物要冬眠?

每到冬季,森林里静悄悄的,因为许多动物都销声匿迹了,比如蛇、熊、青蛙等,小朋友们知道它们干吗去了吗?原来呀,它们躲起来冬眠去了。不过,为什么有的动物要冬眠呢?

因为冬季寒冷、食物缺乏,动物们必须减少运动,而冬眠可以降低新陈代谢,即使一个冬天不吃不喝,也没有关系。当然,动物们在冬眠前会做好准备工作。首先,它们会大吃特吃,储存脂肪;其次,它们会找个安全的地方躲起来,不然睡着了被其他动物吃了都还不知道呢!

等到春天来了,冬眠的动物会自动醒来,开始进食,以最快的速度恢复身体机能。

动物为什么要有尾巴？

动物的尾巴各不相同，有的长，有的短，有的粗，有的细，但每一种尾巴都起着大作用哦！

沙漠地区的大蜥蜴有一条长而粗的尾巴，奔跑时，尾巴一摆一摆的，能起到平衡的作用；有的动物尾巴能驱赶蚊虫，如马、牛等，瞧，它们又用尾巴抽身体上的苍蝇了；有的作为武器，比如老虎，每次搏斗时，它们的尾巴就会派上大用场；有的起减缓坠落速度的作用，如松鼠；有的起支撑作用，如啄木鸟；有的能推动身体前进，如鱼。

说了这么多，可能小朋友们会疑惑，为什么人类没有尾巴呢？其实，在很久以前，人也是有尾巴的，但是由于人类不断进化，尾巴的作用逐渐减小，最后完全消失了，时至今日只留下痕迹——尾骨。

有些猫狗爱吃生肉为什么却不会生病？

我们都知道生肉里有很多细菌，但那些整天都吃生肉的动物，难道它们不会生病吗？其实大家没有必要担心，因为它们是不会生病的，这和它们的消化系统及免疫力有很大的关系呢！

一般而言，食肉动物的消化系统既简单又短小，这样的构造给它们带来了健康，为什么这么说呢？众所周知，肉类腐烂的速度快，长时间留在体内的话，不仅会破坏血液系统，可能还会威胁到生命。因此，短的消化系统能够很快吸收营养，接着将残渣排出体外。

另外，食肉动物的胃里面还有许多盐酸，能极快地消化肉类，甚至是骨骼。

食肉动物为什么
不吃草呢?

我们都知道食肉动物吃肉，而食草动物吃草，难道食肉动物就真的一点草也不吃吗?

实际上，纯粹的食肉动物或者食草动物不多，大多数的动物都是杂食性动物。这是因为野生动物吃什么取决于它们能得到什么食物。比如，熊猫吃竹子，但如果它们捕捉到竹鼠，就一定会吃掉竹鼠；在食物匮乏时期，狐狸也会吃蘑菇；而被大多数人认为是食草动物的羊、马等，如果有吃肉的机会，也会吃肉。

从长远来看，食谱越广的动物越有生存活力。

刚出生的小动物像个毛茸茸的小球，非常可爱。但是小朋友们千万不要抚摸这些可爱的小动物。你们知道为什么吗?

这是因为小动物出生之后，跟普通婴儿一样，它的父母会精心地照料它的一切。它的父母一般靠嗅觉来辨认自己的孩子。如果我们抚摸了刚生下来的小动物，那么它身体上的气味就会发生改变。这样一来，它的父母就有可能认不出它了，于是就不会给它喂食，更不会保护它。因此，只有当小狗出生2周后，或者是小猫能够睁开眼睛后，也就是说当它们自己有能力找到妈妈要奶吃或者寻求保护时，我们才可以抚摸它们哟!

我们为什么不能抚摸刚生下来的小动物?

群居动物中如果有成员死了，其他成员会不会很伤心？

在群居动物中，如果有动物死了，那别的动物是会很伤心的。当一只大雁死去后，它身边的伙伴就会吃得很少，对什么东西都不感兴趣，甚至会持续好几个星期。

如果一头大象受了伤，那么其他大象会轮番照顾它，要是它不幸死了，那整个象群都会十分悲哀。

尽管狼很凶猛，但当它的伙伴死去后，它也会很伤心，听，那一声声低吼的狼嚎多哀伤啊！

但是，在一些温和的食草动物身上却很少会发生这种情况。如羚羊和斑马等，当它们其中的一个伙伴被狮子等动物猎杀后，它们几乎无动于衷。

一山真的难容二虎吗？

人们常说"一山不容二虎"，那么为什么一个山林不能同时存在两只老虎呢？

这是因为老虎不是群居动物，而是一种领地意识非常强的动物。在自己的领地内，一旦发现同类或是异类入侵，老虎就会立刻发起猛攻，驱赶它们。老虎只有在交配繁殖的时候，才短暂地聚在一起，繁殖结束后，它们又单独回到领地。

一般来说，雄性老虎的领地要远远大于雌性老虎的领地，一只雄虎的领地往往会跨越几只雌虎的领地。除此之外，老虎的食量非常大，如果在一片区域内生活着好几只老虎，那么食物会出现短缺，直接影响它们的生存。因而，为了确保拥有一块较大的捕食领地，能够猎取到足够多的食物，就只能一山容一虎了。

老虎为什么爱在白天睡觉？
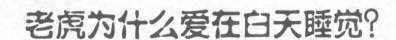

小朋友们去动物园玩时，可能会发现一个现象，老虎在白天的时候总是呼呼大睡，即使醒着也是无精打采的，大家知道这是为什么吗？

原来，老虎喜欢在白天睡觉，这是由它的捕食环境所决定的。在深山野林里，大部分小动物一般都在晚上出来活动，尤其是在黎明和傍晚天快黑的时候最活跃。老虎为了保证自己能够捕捉到充足的食物，于是就与那些小动物们的生活习性保持一致，也就是说老虎也是白天在山洞或荒野的密林中休息，黎明、傍晚或晚上才出来捕食。久而久之，老虎就逐渐形成了爱在白天睡觉的习惯。

尽管生活在动物园的老虎已经不用捕猎了，但是这种生活习惯却还是保留了下来。

别打扰我，我夜班，呼……噜噜……

12

公狮子为什么会咬死小狮子呢?

狮子是一种群居动物,一般一个狮群由一头成年的公狮带领,它们有着自己的领地。

小公狮成年发情后就会去寻找母狮,这样就难免会与领头公狮发生"战争",一旦领头公狮被打败,新首领就会继续统治这个狮群。新首领为确保狮群的小狮子是自己的后代,就会咬死狮群中的幼狮。

此外还有一个原因,就是母狮在哺育幼狮期间,发情期会推后,一旦幼狮死亡,母狮很快就会发情,所以狮子新首领会咬死小狮子。

尽管公狮咬死小狮子很残忍,但在科学家的眼里,这却是一种维持狮群血缘纯正的必要"措施"。

老虎和狮子谁更厉害?

绝大多数的老虎都生活在森林内,它们是森林之王,几乎没有天敌。而狮子大多生活在草原上,是草原上的霸主。如果让这两种动物斗上一斗,大家猜猜看谁会更厉害一点呢?

动物学家长期观察狮子和老虎的生活习性之后,得出了推测,让同岁的、体型差不多的老虎和狮子决斗,老虎绝对会胜利。因为无论是耐力,还是灵敏度,老虎都高于狮子,而且在智力、捕食方法和避敌技巧上,老虎也更胜狮子一筹。

不过,老虎是孤独的侠客,而狮子们却都是群居。如果双方发生冲突,一只老虎对付的将是一群狮子,那结果必定是老虎惨败呀!

狐狸真的很狡猾吗？

　　无论是民间传说，还是很多书籍、画册，都把狐狸塑造成狡猾的形象，将它们称为动物里的"智多星"，可以说，这种说法狐狸当之无愧。

　　狐狸非常警觉和聪明，从它们的捕猎方式就可见一斑——当发现兔子、松鼠等猎物时，狐狸不像其他动物那样立即扑上去，撕咬猎物，而是会做出许多古怪的动作，来吸引猎物的注意力，一旦猎物放松警惕，狐狸就会迅速地偷袭，成功概率非常高。

　　狐狸不仅能捕获地上的小动物，还能凭借它的智慧捕获飞鸟呢！这就是狐狸的另一个本领——装死。看到喜欢吃腐肉的鸟类时，狐狸就会一动不动地躺在地上装死，无论那些鸟类怎么啄它，它也一动不动。等到那些鸟类"确信"狐狸是尸体，放心大胆地准备饱餐时，狐狸就会趁机偷袭，捕获猎物。

智慧大本营

　　狐狸是食肉的犬科动物，森林、草原和丘陵地带常常能见到它的身影。狐狸的嗅觉和听觉非常灵敏，它的行动也很敏捷，因此能捕食到各种昆虫、鼠类等小动物，是一种对人类十分有益的动物呢！

为什么狼的眼睛在夜里发绿光？

夜晚，狼的眼睛闪着绿光，伴随着狼嚎，往往令人不寒而栗。那么，为什么狼的眼睛在夜里发绿光呢？

实际上，狼的眼睛并不是会发光的光源。之所以能显现绿光，是因为狼有着特殊的眼部结构。在它的瞳孔底部有一层薄膜，上面密布着一些特殊的晶点，这些晶点有很强的反射光线的能力。

当狼在夜里行走的时候，它们眼睛里的这些晶点就开始发挥作用了，将周围非常微弱、分散的光线收拢并聚合在一起，然后集中反射出去。这样一来，狼的眼睛在黑夜里看起来就好像在放光一样。

狼在白天的时候，眼睛是黄褐色的，而到了夜晚，狼的眼睛就会聚起弱光，由于反射的光线不同，因此狼的眼睛就会呈现出不同的颜色，有时是绿色的，有时则是蓝色的。

狼为什么爱在夜晚嚎叫？

动物的叫声是动物种群之间互相联系的通信手段。

狼作为夜行性动物的一种，一般白天在丛林等隐蔽处休息，天黑之后就集体外出寻找食物。因此，人们经常在夜间听见狼的嚎叫。

实际上，狼嚎叫一般有四个目的，一是呼唤伙伴，因为狼是群居动物，每当它们准备出去觅食的时候，就会一边走一边发出低声的嚎叫来招呼同伴一同捕猎；二是交换信息，比如，小狼在饥饿时通过嚎叫来呼唤母亲；三是寻找配偶，在发情时期，狼大声嚎叫以引起异性的注意；四是震慑其他动物，把其他族群从自己的领地上赶走，很多小动物，一听到狼的叫声就会落荒而逃呢！

麝为什么是最香的动物？

大家都知道麝香是一种高级的香料，那你知道为什么麝是最香的动物吗？

原来，雄麝有一个十分独特的腺囊，就长在肚脐下。这个腺囊能分泌出一种带有香味的液体，更为神奇的是，这股香味能持续不散，即使是在千米之外也能闻到呢！

实际上，分泌麝香是麝的一种求偶方式。大多数时间，雄麝和雌麝都是分开居住的，到了初冬时节，雄麝就会大量分泌麝香，以吸引雌麝的注意。雌麝闻到香味之后，就会寻香而至，与雄麝交配、繁衍。

麝香不仅是一种高级香料，也是一种名贵的药材，具有开窍醒神、活血通经、消肿止痛的功效。

大狗熊为什么一冬天不吃东西也不会饿死？

冬天来了，一些动物偷偷躲起来冬眠了，不过它们睡得一点也不安稳，就连睡着了也冻得打寒战呢！再瞧大狗熊，这个家伙正打着震耳欲聋的呼噜，睡得可香了。

大狗熊即使一个冬天滴水未进，也不会饿死，这是什么原因呢？在秋天的时候，大狗熊俨然是个"大胃王"，它会不停地吃、不停地喝，把营养都存储在那厚厚的皮毛下。到了冬天，营养会被输送到身体各处以维持生命。

这样一来，大狗熊冬眠的时候就不会饿啦！

黑熊为什么爱吃蚂蚁？

在电视上经常能看到黑熊吃活蚂蚁的画面，只见它慢悠悠地将熊掌伸进蚂蚁窝，然后等到蚂蚁爬满它的熊掌时，它就用舌头一舔将蚂蚁全吞到肚子里！为什么黑熊喜欢吃蚂蚁呢？

好吃！真好吃！

其实，黑熊爱吃蚂蚁有两个原因。一是与它的生活环境有关。在森林中，蚂蚁是一种比较容易获取的食物，黑熊行动迟缓，所以捕获蚂蚁相对容易，黑熊捕获食物的手段总是简单粗暴。一般都是直捣蚂蚁的巢穴。二是跟黑熊的消化系统有关。黑熊吃的野果等杂食很不容易消化，容易腹胀，于是，它就吃活蚂蚁来促进消化。

大胖熊又来啦！

猎豹为什么奔跑得特别快？

在动物世界里，猎豹的奔跑速度是最快的，最高可达每小时110千米，是当之无愧的短跑冠军！不过，你们知道猎豹为什么跑得特别快吗？其原因就在于猎豹独特的身体条件。

从外形上看，猎豹的身形前高后低，腰身特别细长，四肢非常发达，爪子下还有厚厚的肉垫，起到了很好的减震作用，因此非常适合急速奔跑。而且，猎豹的脊柱柔韧性特别好，因此在奔跑的过程中，猎豹可以使自己的身体弹向前方。

猎豹还有一个得天独厚的身体条件，就是尾巴非常灵活，能够在快速奔跑时平衡身体，不会跌倒。此外，猎豹的肺活量非常大，因此在奔跑的过程中能够获得足够的氧气供应。尽管猎豹的奔跑速度非常快，但是奔跑的过程中很难急转弯，因此如果猎豹追击的动物在逃跑中采取迂回路线，就能够逃之夭夭。

花豹为什么喜欢把猎物拖上树？

我们在电视上经常看到，当花豹捕到猎物之后，通常会小心翼翼地把猎物拖上树，然后警觉地进食。你知道这是为什么吗？

其实原因很简单，就是为了防止其他食肉动物前来抢夺食物，这些动物都是花豹的敌人，尽管它们难以捕食花豹，但是会抢夺它的食物，因此，花豹只好发挥它的"聪明才智"，将猎物拖上树啦！

你也许还不知道，在动物界，花豹可是大名鼎鼎，号称"生命的起重机"呢！原来，花豹能够把比自己重很多的猎物拖上树，这是不是很神奇呢？

浣熊为什么喜欢洗东西？

小朋友们，有一种可爱的小熊名为"浣熊"，为什么给它取个这样的名字呢？那是因为它老爱洗东西，而"浣"就是"洗"的意思。浣熊是一种杂食动物，就连垃圾堆里也能找到它爱吃的食物呢！

浣熊有个习惯，每次吃东西前，都会把食物放到水里洗洗后再吃。其实，这是它的习性，并不是因为爱干净。人们发现，浣熊洗东西的水都很脏，甚至比食物还要脏呢。而它这样做，是因为它的前爪上有一层角质层，把前爪放在水中浸湿可以提高掌部的神经敏感度，看上去就像在清洗食物。

大象用鼻子吸水不怕被呛到吗？

在日常生活中，如果我们喝水时不小心把水吸到鼻子里，就会被呛着，进而咳嗽不止。而在天气炎热的夏季，大象总是到水边，用它长长的鼻子吸水，并喷洒到自己身上减轻燥热，没有一点被呛到的样子，这是为什么呢？

原来，大象鼻腔的结构非常特殊，尽管它的气管和食道是相通的，但是在鼻腔后面的食道上方，长着一块软骨，就像一道闸门。当大象用鼻子吸水时，这块软骨就会自动闭合，堵住气管口。这样，吸进鼻腔的水就不会跑进气管了，更不会被呛到啦！

当大象用鼻子将水吸进后，再将水喷洒到嘴里喝下去后，这块软骨又会自动张开，保证大象的呼吸顺畅。知道吗，大象这种动作不仅非常协调，而且还十分精确呢！

这比吸管环保多了！

大象虽然没有手，但是它的鼻子特别灵活，充当了"手"的作用。实际上，大象鼻子的灵活性是随着环境的变化及自身适应环境的需要而演变来的。

很早的时候，大象没有现在这样高大，头部短而粗，长着又长又重的牙，低头都非常困难，身体转动也非常不方便，鼻子也没这么长。后来，为了适应环境，大象变得高大起来，但嘴和地面上的草等食物的距离也越来越大，加上四肢灵活性非常差，进食非常困难。为了从地面取食，在长期的演化中，大象的鼻子逐渐延长，依靠肌肉的收缩而运动，使自己的鼻子兼具手、唇和鼻子三种功能。这样一来，取食、拾物就变得方便了。

可以说，大象的鼻子非常灵活，嗅、吸、卷、打，一点儿都不比其他动物的前肢差呢！

大象的鼻子
能当手用吗？

VS

为什么大象喜欢将泥巴涂在身体上？

我爱洗澡，啦啦啦啦！
蚊子不咬，啦啦啦啦！

我们都见过大象在炎热的夏天用鼻子吸水，然后再吐出来，享受淋浴。大象洗澡之后，总会用泥巴涂满身体，你知道这是为什么吗？

其实，它的这种习性和犀牛很像呢！虽然大象的皮很厚，但是在皮肤的皱褶之间，许多地方却是非常薄嫩的。这些地方的皮肤很薄，经常会遭到一些吸血蚊虫的"攻击"，令大象苦不堪言。于是，大象在洗完澡后总是用泥巴涂满身体，这样一来，就能够堵住皮肤中的褶缝，形成一层保护膜，避免被吸血蚊虫叮咬。

此外，这些泥巴还能起到隔热的作用，使大象在炎热的天气里更舒服一些。这样看，大象是不是很聪明呢？

亚洲象和非洲象有什么区别？

亚洲象和非洲象的区别非常大，其中最基本的区别，就是象牙。原来，无论是雌性还是雄性，非洲象都有象牙，而亚洲象只有雄性拥有象牙。

此外，亚洲象和非洲象的区别还在于耳朵的形状和大小，非洲象的耳朵大小是亚洲象的2倍。每当生气或受惊时，非洲象的耳朵就向前展开，来表达自己的情绪。

亚洲象产在印度、缅甸等东南亚国家，我国仅在云南省南部有，而非洲象则广泛分布于整个非洲大陆。

智慧大本营

据吉尼斯世界纪录，世界上最重的大象是非洲安哥拉的一头雄象，它净重达13.5吨，是目前已知世界上最重的大象。

为什么很难见到大象的尸体？

作为生活在陆地上的最大动物，大象在森林、草原中难逢敌手，自身的年老和疾病才是它们最大的敌人。但有个奇怪的现象，我们很难在栖息地中看到大象的尸体，这是为什么呢？

原来，象群会掩埋同伴的尸体。当一头老象死去后，周围的大象就会围拢上来，一面发出痛苦的叫声，一面将周边的石块、草木弄到死象的尸体上，将其就地埋葬，因此，人们很难见到大象的尸体。

此外，动物学家经过观察发现，一些年老和患病的大象掉队后，就会去寻找隐蔽的地方藏身，然后静悄悄地死去。但是，大象的尸体很快就会被其他动物分食，如果遇到大雨或者河水泛滥，大象的尸骨就会被水流带走，或者掩埋于泥沙之中。

难道河马的五官都长在头顶吗？

我们去动物园的时候，如果细心观察就会发现，河马大部分时间都是泡在水里的，而且它的眼睛、鼻子和耳朵等五官都长在头顶上，这是为什么呢？

之所以这样，与它特殊的生活习性密切相关。白天，懒懒的河马喜欢泡在水里躲避炎热，而到了夜晚，它才会拖着笨重的身体找食物。当河马将自己全部隐藏到水中时，只会露出一点脑袋，生怕多露一点呢！

泡在水里的河马会把感觉器官露出水面，这样的话，河马不仅能很好地隐藏自己，还可以通过眼睛和耳朵监视周围的一举一动，而且鼻子还能呼吸到新鲜空气，真是一举多得呢！

智慧大本营

河马经常全身"流血"却不以为然。实际上，河马流的不是血，而是从汗腺中排出的一种油脂性汗，呈粉红色。河马的"血汗"能够起到防晒和避免脏水浸染的作用呢！

犀牛为什么和小鸟交朋友？

在动物王国里，犀牛非常蛮横、凶猛，很多动物都不是它的对手。但这样一位蛮横的家伙，却有一位知心朋友——犀牛鸟，你知道它们为什么能和平相处吗？

犀牛皮很坚硬，但不是所有的地方都坚硬，就像背上褶皱处的皮肤，既薄又嫩，是很多寄生虫的天堂！这些寄生虫十分折腾，犀牛被咬得又痛又痒，如果蹄子能伸到背上，真恨不得抓上一抓。好在犀牛鸟是它的好朋友，它们成群结队地站在犀牛身上，寻找褶皱里的小虫子。如此看来，犀牛鸟真是犀牛的"私人医生"呀！

其实，犀牛鸟不仅是犀牛的"私人医生"，更是它的"贴身警卫"哦，在发现险情时，犀牛鸟就会大声告诉犀牛，敌人在什么地方，让它注意。

为什么牛不吃草时也嚼个不停？

我们常常会发现，牛就是在不吃草的时候，它的嘴巴也是不停地在咀嚼，这究竟是为什么呢？

要想知道原因，首先就要了解牛胃的结构。牛的胃是与众不同的，它一共有四个，分别是瘤胃、蜂巢胃、重瓣胃和皱胃。牛吃草时都是狼吞虎咽的，它们将未充分咀嚼的草料直接吞进没有消化腺的瘤胃中。草料在瘤胃中静静地待着，浸软后才能进入蜂巢胃。接下来蜂巢胃里面的草料会重回牛的嘴里，这时牛才开始咀嚼草料。嚼碎之后的草料被送进重瓣胃和皱胃，并在那里被充分地消化掉。

现在小朋友们应该明白了吧，牛不吃草时嚼个不停，其实是将储存在瘤胃里的草料重新咀嚼。动物学家将这种行为称为"反刍"，牛就是典型的反刍动物呢！

看到红色后牛为什么会兴奋？

我们在电视上看到，斗牛士总是用一块红布将牛耍得团团转，我们不禁要问，是红色能令牛感到兴奋吗？

其实不然，牛天生就是色盲，在它们的世界里没有颜色，也根本看不见红色。实际上，是晃动的东西让它们感到了愤怒。也就是说，用红色的布斗牛，只是为了让观众看得更清楚，增加观众的兴奋感，提升斗牛的表演效果。

在斗牛场，牛在出场之前一直是被长期禁锢的，早就已经变得暴怒不安，一旦得到自由，它们的动作就会更大更猛。加上斗牛士红布的晃动，于是，牛一出场，就会横冲直撞。

> **智慧大本营**
>
> 西班牙斗牛最初用于祭祀活动，后来演变为斗牛表演。斗牛是西班牙的国粹，得到本国人民的喜爱，但也有很多热爱动物的人士对此项运动表示反对。现在西班牙的一些地区已禁止斗牛活动。

马为什么喜欢站着睡觉？

如果困了，我们就会躺下睡觉，小猫小狗等小动物也是如此。但是马却喜欢站着睡觉，这又是为什么呢？

在很久以前，野马生活在一眼望不到边的沙漠、草原，它们面临着双重危机，一面是人类的狩猎，另一面是猛兽的追捕。但是，野马的战斗力非常弱，逃避危险的办法只有一个，就是奔跑。因此，为了躲避这些威胁，并能够迅速及时地逃避危害，野马连睡觉都站着，不敢有一丝懈怠。

久而久之，马继承了祖先——野马的生活习性，并将其沿袭了下来。

马走过的时候，我们总会听到"哒哒哒"的声音，非常清脆。其实这不是马蹄与地面接触发出的声音，而是马脚上穿着的"铁鞋子"与地面接触发出的声音。为什么要在马的脚上钉铁掌，难道马不疼吗？其实，给马钉铁掌是为了保护马的蹄子不受伤害，而且一点也不疼的哟！

这是因为在漫长的进化过程中，马蹄子只剩下一个脚趾，其余的脚趾都因为退化而消失得无影无踪了。马蹄的这个脚趾上，长着跟人类的指甲差不多的蹄甲。可不要小瞧马的蹄甲，正是因为它，马在奔跑时才能得到源源不断的助力呢！

马的脚上为什么要钉铁掌？

但是，如果马的蹄甲与地面接触频繁，时间一长，马的蹄甲就会严重受损，不仅影响马的奔跑速度，严重的话整个蹄子也会受伤呢。于是，人们为了保护马的蹄子、提高马的利用率，就给马穿上铁鞋子啦！

马的耳朵为什么时常摇动？

如果留心观察，就会发现马的耳朵时常摇动，时而竖起来，时而前后摇动，知道这是为什么吗？

原来，马的耳朵除了用来听各种声音外，还有一个你想不到的特殊作用，那就是用来表达不同的情绪哟！

当马的耳朵垂直竖起来时，表示它的心情非常不错；当马的耳朵前后摇动时，表示它的心情很不爽哦；如果马的耳朵向两旁竖立，就表示它很紧张；如果马的耳朵向前方或两侧倒，说明它非常疲惫，它的耳朵好像在说：累死了。

动物园里的饲养员通过看马耳朵的动作，结合其他动作，就能够准确判断马的不同情绪啦！

智慧大本营

马的嗅觉非常发达，可以根据粪便的气味找寻同伴，避开猛兽和天敌。它们尽管眼睛很大，但视觉较差，如果主人突然靠近，它们会因为没有看清楚而受到惊吓，所以接近时最好先以声音向马打招呼，作为提醒。

斑马身上的条纹有什么用？

斑马身上长着黑褐色和白色相间的条纹，是为了好看吗？当然不是了。斑马身上的条纹是同类之间相互识别的主要标记，是为适应环境形成的保护色，是一种重要的保障其生存的防卫手段。

原来，斑马因为种类不同，身上的斑纹千差万别。如果仔细观察，就会发现有的斑纹不仅细密，而且十分均匀；有的斑纹非常粗大，而且很稀少。其实，这些斑纹就是斑马的"身份证"。斑马之间就是通过斑纹来识别同类的。

除了身份证的功能外，斑马身上的条纹还有伪装的作用。斑马的斑纹在阳光或月光的照射下，身体轮廓就会变得模糊不清，使天敌很难将它们与周围的环境区分开来。这样一来，在斑纹的伪装下，斑马就减少了被天敌发现的机会，成功保护了自身的安全。

骆驼是如何在沙漠中找到水源的？

沙漠给人一种荒芜的感觉，但是，有一种非常耐旱的动物可以穿越无人之地，它就是骆驼。骆驼不仅耐得住干旱，更有找到水源的神奇能力，所以人们将它视为"沙漠之舟"，可是，为什么骆驼可以找到水源呢？

这源于它构造奇特的鼻子，骆驼的鼻孔里长有瓣膜似的结构，它的嗅觉细胞密布其中，这使得它的嗅觉极其灵敏。另外，在沙漠中，有水源的土壤会生长各种菌类，这样一来，就能散发出一种特殊的气味。骆驼正是跟随着气味的指引，进而找到水源的。

为什么有的骆驼只有一个驼峰，而有的骆驼却有两个？

小朋友们，你们在动物园看到的骆驼有几个驼峰呢？有的可能是一个，有的可能是两个，为什么会有这种差异呢？

双峰驼生活在亚洲干旱、寒冷、荒凉地带，为了适应艰苦的环境，并生存下来，于是驼毛长得很长，背上长起了驼峰，用来储藏水和脂肪。在食物缺乏的时候，骆驼不吃也不喝，仅仅依靠消耗驼峰里的营养就能撑很长时间。经过很长一段时期的进化，骆驼就演变成了如今的双峰驼。

而单峰驼生活在亚洲的阿拉伯地区和非洲北部的热带沙漠，因为那里环境没有那么艰苦，它们也很少缺少食物，根本用不着两个驼峰来储存脂肪，一个驼峰的储藏量已经足够了，于是就渐渐演变成现在的单驼峰了。

驴为什么喜欢在地上打滚？

在田间、磨坊干完苦力活之后，驴不会立刻吃东西或者喝水，而是在地上撒个欢、打几个滚儿，仿佛在说，终于干完活了。小朋友们不知道吧，在地上打滚儿，可是驴特有的一种洗澡方式呢！

原来，驴光亮的皮毛并非十分干净，里面寄生着一些小虫子，这些可恨的小虫子时不时地叮咬驴，这让驴痛苦不堪。由于驴长时间干活，皮肤上会残留很多汗渍和污渍，时间长了，这些东西就会凝结成一层硬皮，像是披上了一层厚厚的铠甲，十分沉重。于是，驴就会趁休息的时间，在地上使劲打滚，这样不仅能将寄生虫和汗渍等甩掉，还能通过摩擦解痒。

除此之外，在打滚儿时，驴的四肢能够尽情舒展，起到解除疲劳、恢复体力的作用呢！驴是不是很聪明呢？

长颈鹿为什么不叫呢？

我们去动物园时，很少能听到长颈鹿的叫声，为此有的人认为它是哑巴，有的人说它没有声带。这两种说法都是不对的。实际上，长颈鹿是有声带的，也会叫。那么，长颈鹿为什么不爱叫呢？

其中最重要的原因就是长颈鹿的声带结构非常特殊。长颈鹿的声带中间有个浅沟，给它的发声带来了极大的不便。而且长颈鹿发声一次要耗费大量的力气，因为它发声时需要肺部、胸腔和膈肌三个器官共同努力，由于它脖子非常长，使得这些器官与喉咙相距非常远。因此，为了保存体力，长颈鹿平时很少叫。

年幼的长颈鹿跟妈妈走失的时候，由于害怕就会发出像小牛一样的叫声，来引起妈妈的注意。而成年的长颈鹿，由于个子高，视野非常好，本身的奔跑速度也很快，就算出现敌袭，也能够从容应对，所以不用费力发出呼救的声音啦！

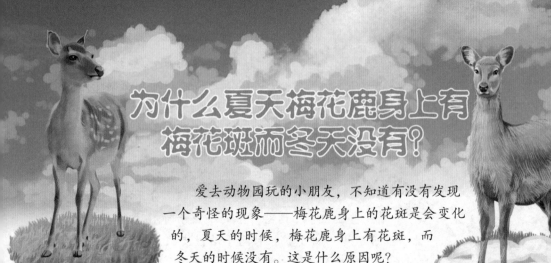

为什么夏天梅花鹿身上有梅花斑而冬天没有?

爱去动物园玩的小朋友，不知道有没有发现一个奇怪的现象——梅花鹿身上的花斑是会变化的，夏天的时候，梅花鹿身上有花斑，而冬天的时候没有。这是什么原因呢?

这是因为梅花鹿一年得换两次毛，毛色随季节不同而变化。夏天时梅花鹿全身的毛呈棕黄色且毛比较薄，能够很清晰地看到它身上的白色花斑，于是，我们就能看到它身上像"梅花"一样的花纹。冬天毛呈烟褐色且毛比较厚，白色花斑不明显。

小朋友们如果想看梅花鹿"穿上"它的独特的白色花斑"外衣"，记得要在夏天去动物园呀!

猪为什么总是爱睡懒觉呢?

我们说一个人长得很胖，就会嘲笑他像猪；说一个人很懒，也会形容他为懒猪；说一个人很笨，还会说他是笨猪。总之都跟猪分不开。其实，猪是一种很聪明的动物，但若是说它懒，也确实是如此，因为它特别爱睡懒觉。

猪之所以爱睡懒觉，是因为猪的大脑里有一种叫内啡肽的物质，这种物质具有麻醉的作用，再加上猪特别怕热，所以很少活动。久而久之，猪就形成了爱睡觉的习性啦!

智慧大本营 ↑

猪是一种杂食类哺乳动物。它身体肥壮，四肢短小，性情温驯，繁殖能力强，有黑、白、酱红或黑白花等色，是五畜之一。

绵羊是天生没有尾巴吗？

　　小朋友们如果细心观察就会发现，人们饲养的绵羊都没有尾巴，那么，它们是天生没有尾巴，还是被人给切断了呢？

　　原来，绵羊生来是有尾巴的，它尾巴是被人切断的。这样做的目的是减少粪尿对后腿羊毛的污染，保持羊的体型美观和整齐，降低尾巴被灌木刺破而化脓的概率，以及便于配种和人工授精。

　　一般来说，绵羊断尾时间多在羔羊出生后的第五天到第十四天，在晴朗无风的早上进行。断尾的方法有结扎、烙断和刀切三种。

长颈鹿为什么极少喝水？

　　我们看到的长颈鹿总是悠闲地散步、吃树叶，但极少喝水，这是因为它们饮水特别困难，长久以来，就养成了耐渴的习性。但是你知道为什么长颈鹿饮水困难吗？

　　如果你能看到长颈鹿喝水的情景，我想你就会明白它喝水困难的原因了。长颈鹿的脖子可长达两三米，当它感到口渴想喝水时，它们就会将两条前腿大幅度叉开，只有这样的姿势，长颈鹿的头才能顺利伸到河里饮到水。

　　由于长颈鹿喝水的姿势非常耗费力气，所以长颈鹿每喝几口水，就要站起来休息一下，然后再接着喝。可见长颈鹿喝水多么费劲！

　　在干旱的草原上，长颈鹿的食物是树叶，靠吃树叶，它们竟然可以一连几个月都不喝水，仅靠食物中的水分来满足身体的需要呢！

鹿茸是一种我们大家都熟知的中药材，同时也是一种保健品，有着很好的滋补作用，那么鹿茸是鹿身上的哪个部位呢？

其实，鹿茸就是雄鹿的嫩角。当梅花鹿、马鹿出生9个月左右，它们的额部开始突起，形成长茸基础，2周岁以后，鹿茸分叉。

鹿茸是鹿身上的哪个部位？

鹿茸是一种非常名贵的药材，以3~6年所生的为最佳。鹿茸中含有磷脂、糖类、激素、脂肪酸、氨基酸、蛋白质及钙、磷、镁、钠等成分，其中氨基酸成分占总成分的一半以上。所以，鹿茸具有振奋和提高机体功能的作用，对全身虚弱、久病之后的人，有较好的强身作用。

麋鹿为什么又叫"四不像"？

如果你看过古代神话小说《封神榜》或者同名电视剧，就会发现姜子牙的坐骑麋鹿长得非常奇特，名字也很奇怪，叫"四不像"。那么，它为什么叫"四不像"呢？

这是因为麋鹿的长相特殊，它的面部像马，犄角像鹿，尾巴像驴，蹄子像牛，而从整体上看，却似马非马、似鹿非鹿、似驴非驴、似牛非牛。因此，麋鹿得名"四不像"。

麋鹿是原产于我国的珍稀动物，它最引人注目的是雄麋鹿的角。大多数雄麋鹿的角为多个两叉分枝，形状非常整齐，在鹿科动物中独一无二。可惜的是，目前野生麋鹿已经绝迹，现存的麋鹿都是人工饲养和野外放生的。

骡子为什么不会生小骡子？

　　我们都知道大狗生小狗，大猫生小猫。但是，在动物界也有例外情况，那就是骡子不能生小骡子呢！

　　原来，骡子是"混血儿"呢！是驴子和马交配所生。母驴和公马交配产生的驹叫"驴骡"，母马和公驴交配所生的驹叫"马骡"。那么，骡子为什么不会生小骡子呢？

　　原来，高等动物都是由受精卵发育而成的。一般来说，雌性动物的卵巢产生卵细胞，雄性动物的睾丸产生精子。但是，"混血儿"骡子却不同，无论雄性还是雌性，在构造上生殖系统与其他动物没有区别，但是，它们的生理机能却不正常。

　　研究人员指出，骡子之所以不能繁殖后代，是因为其杂交后，基因里的染色体出了问题，不能进行良好的匹配。但也有极少的骡子与马或驴交配之后产下了后代。

猫从高处跳下来为什么不容易摔伤？

小朋友们经常能看到可爱的小猫一刻也不得闲，总是跳来跑去，一会儿上房，一会儿爬树，一会儿又钻到角落里，甚至有时候它还会一下子从两三层楼的地方跳下来。

对此，小朋友们一定会担心猫是否会摔伤。这时，猫一定会信心满满地摇起尾巴，那神情好像在说："没事，小意思！"

一般的情况下，猫主动从高处跳下来是不容易摔伤的，因为它具有非常完善的平衡器官。当猫从高处跳下的时候，后肢会收到大脑传递的信息，做好着地的准备，同时尾巴也能帮忙维持平衡，加上猫的脚底还有肉垫，富有弹性，所以猫从高处落下来时不容易摔伤。当然，如果小朋友们家里养了宠物猫，还是要尽可能防止它们从高处掉下来，它们不是每一次都会那么幸运毫发无伤。

猫走路为什么没有声音？

我们发现猫走路时一点声音都没有，是因为猫的体重轻，还是有其他什么别的原因呢？原来，这和猫脚部的构造有关呢！

它的脚下长着又厚又软的肉垫，弹性极强，猫的钩爪能够伸缩自如。它们走路的时候，就把钩爪缩回肉垫里，减少猫爪与地面的硬性接触，猫爪落地时产生的震动也因此得以缓解。这样一来，猫走路时，都是肉垫着地，所以走路时悄无声息。

由于有肉垫的保护，能够减轻猫爪接触地面的磨损，使其保持锋利。此外，厚厚的肉垫还能起到"感应器"的作用。原来肉垫中长着很多触觉感应细胞，对地面微小的震动都能有所感应。能够帮助猫更准确地感知老鼠的活动，从而轻易将其捕获。

猫为什么要打架？

小朋友们在公园经常能看到两只猫咪打架，这是为什么呢？

一般来说，猫打架有两种原因，一种是自己的领地被入侵，另一种是发情期，雄猫为争夺雌猫而发生冲突。如果是力量悬殊的两只猫打架，有优势的一方会竖起背上的毛，弓起身体，给对方一种自己很强大的感觉，并进一步靠近对手威胁它；而处于劣势的一方就会蹲在地上，耳朵也耷拉着。如果是势均力敌的两只猫打架，它们就会冲着对方长时间吼叫，然后，双方就会相互扭打在一起。

因此，我们逛公园的时候，会发现一些流浪的猫浑身是伤，甚至瞎了一只眼睛，这都是它们打架造成的。

为什么不能剪掉猫的胡须呢？

很多猫科动物都长了胡须，虽然看上去很漂亮，但这不是胡须存在的真正目的。小朋友们，如果将猫的胡须剪掉，猫走路就会左右摇摆，跳跃的时候会有偏差呢！你们知道为什么吗？

原来，猫的胡须是一种特殊的感觉器官，胡须的根部有极细的神经，只要稍微触碰一下，就能感知到物体，好像雷达一样。夜晚，当猫在漆黑的小巷子行走时，它们从来不会撞到东西，因为胡须被触动，能很快感知周围道路的宽窄。此外，在黑暗环境中，猫的胡须能够通过感知空气中轻微压力的变化，来识别和感知周围的物体。

因此，小朋友们不要因为贪玩而将猫的胡须剪掉，这样会影响猫自由活动时的判断力哟！

智慧大本营

在家中，如果发现猫的胡须有折断的现象，最好将其拔除，以促进新胡须的生长。因为折断的胡须对猫没有任何用处。

35

猫为什么老是发出咕噜咕噜声？

　　猫是一种非常可爱而又温顺的小宠物，非常讨人喜欢。细心的小朋友会发现一个有趣的现象，那就是它总会发出咕噜咕噜的声音。

　　其实，猫的咕噜声就是它的一种语言，是用来传递信号的。在猫很小的时候，它发出的咕噜声，是在告诉妈妈它的肚子饿了，就像小宝宝的哭声一样，是一种行为表现。而成年之后，这个习惯仍然存在，不过意思变了，此时的咕噜声是一种示好的信号。

　　不仅如此，它还会用咕噜声来表达情绪，当它满意时，会咕噜咕噜叫。比如，别人抚摸它时，它就会很顺从，并发出咕噜咕噜的声音。当它生病时，它会通过咕噜声宣泄自己的痛苦，以此获得抚慰。

咕噜……

咕噜……

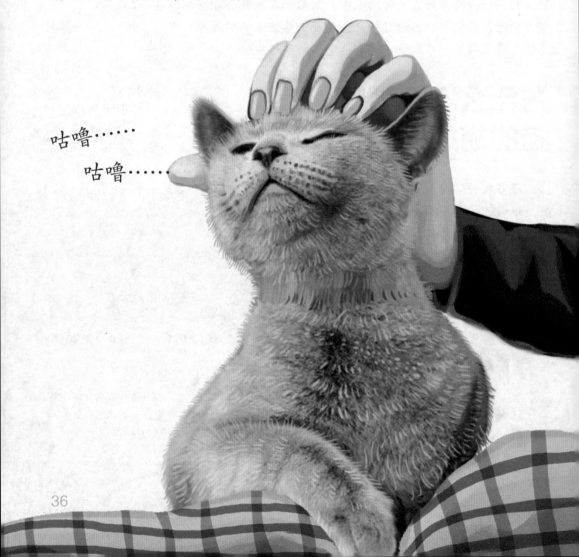

猫为什么喜欢吃鱼和老鼠?

我们形容一个人嘴馋经常用"馋猫"这个词，为什么说猫馋嘴呢，"哪有猫儿不喜腥"这句话充分说明了这一点。

猫为什么特别钟情鱼和老鼠呢？原来，猫是夜行性动物，体内必须保持一定量的牛磺酸，因为这种物质是提高夜间视力的必备物质。鱼和老鼠的体内牛磺酸含量丰富，猫喜欢吃鱼和老鼠就是为了获取其中的牛磺酸，来保持自己体内牛磺酸的含量，使自己在夜间的视力得以保持。

此外，由于猫是食肉性小兽，而且夜视能力较强。老鼠跟猫一样也在夜间活动，它们的个头小，非常适宜被猫捕捉，因此它们自然成了猫的美餐。

狗害怕时为什么要夹起尾巴?

如果仔细观察，小朋友们会发现，狗有时候会夹起尾巴走路。狗的这种表现暴露了它害怕、失败的情绪，原来，狗的尾巴是用来传递信号的，而且是其显示自己实力的标志。

如果两只公狗在路上相遇，它们就会竖起尾巴，互相争斗后，失败的一只狗就会耷拉下尾巴灰溜溜地走开。其实，这是狗的一种本能反应。

现在，有些人将自己宠物狗的尾巴切除，以达到美观的效果。这样一来，它就失去了传递信号的作用了，是不是很可怜呢？

智慧大本营 ↑

狗在走动的时候总是嗅来嗅去，它是在嗅有没有其他的狗在这里撒尿，如果有就说明这已经是别人的地盘了，通过尿来判断那条狗的情况，如果自己有胜算，它就会抢占地盘啦！

狗为什么见到生人就会狂吠？

如果我们去家有小狗的亲朋好友家串门，小狗就会不停地叫，这是为什么呢？

这可是狗的一种天性，它们对周边的声音非常敏感，一旦发现异常情况之后，就会大声地叫唤，来提醒主人。

一般情况下，狗都是先听到声音，再观察一下具体的动静，然后决定是摇尾还是狂吠。如果是熟人，它就会摇尾巴，如果是生人，它就会狂吠，这是因为它不熟悉生人身上的气味。而它对主人不会乱叫，反而会摇尾巴，这是因为它已经熟悉了主人的气味。

夏天的时候，憨态可掬的狗狗们总是会伸着舌头喘气，好像非常热的样子，这是它们在通过舌头上的汗腺来散发体内多余的热量呢！

在常态下，哺乳动物的体温都是恒定的，如果因为天热或劳累的原因导致体温升高，就需要通过降温器官来散发多余的热量，以保持体温恒定，不然就会生病哟！汗腺是散发体内热量的重要器官。一般动物的汗腺都在体表，而狗的汗腺则长在了舌头上。

所以，狗狗们在感觉热时，就会不停地伸出长长的舌头，来散发身上多余的热量。

夏天的狗为什么总爱伸着舌头？

狗在睡觉前为什么喜欢原地转圈?

狗在睡觉之前，总是喜欢在原地转几个圈，然后才会躺下睡觉，这是为什么呢? 原来，这是它们长久以来养成的生活习惯。

在动物王国中，与老虎、豹子相比，野狗相对弱小，所以经常遭到一些猛兽的袭击。为了防备这些猛兽的侵袭，野狗在休息或睡觉之前，总是围着自己的住处转几圈，在转圈的同时观察周围的环境，充分确定没有危险后，才会躺下入睡。

家狗和野狗是同一类动物，因此家狗将野狗的一些生活习性沿袭了下来，即使被人圈养，根本没有任何危险，但是这种观察防范的意识和动作却还是一直保留着。

狗鼻子为什么特别灵敏?

狗的鼻子特别灵敏，能够嗅到很远距离的气味，这主要得益于狗鼻子的构造。比起一般动物的鼻子构造，狗鼻子的构造要复杂得多。

原来，在狗的鼻尖里有个特别器官，叫"嗅黏膜"。这个器官上布满了数以亿计的嗅觉细胞，能够帮助狗分辨出上千种不同的气味。狗鼻尖里的黏膜还能分泌一种黏液，用来保持嗅觉细胞长期湿润，使其一直保持极为灵敏的嗅觉。平时，狗的鼻子总是湿湿的，如果它的鼻子发干，就是生病了，嗅觉也就不那么灵敏了。

小朋友们在看电视或者去动物园的时候，会发现猴子吃东西特别快，几乎是一眨眼的工夫，桃子什么的就被它消灭干净啦！

原来，猴子的口腔内部构造与别的动物不同，它嘴的两边各多长了一个"颊囊"，形状如同口袋，主要用来储藏食物。

每当得到食物时，猴子们总是争先恐后，将食物抢夺过来，放在颊囊里存起来，然后再在一边细嚼慢咽，这就是猴子吃东西特别快的原因。

猴子为什么没有眼白？

猴子的眼睛很特别，你瞧它的眼珠，里面都没有眼白呢！只有黑乎乎的一片。小朋友们，你们知道猴子为什么没有眼白吗？

其实，猴子没眼白，这是个错误的说法。如果仔细观察，你会发现，猴子的黑眼珠周围有一圈是茶褐色的，其实，这就是猴子的"眼白"。可能有人疑惑了，为什么它的眼白不是白色的呢？告诉你们，这是因为白色的眼白不利于猴子的伪装。

猴子在捕猎过程中，一旦将自己的视线暴露，猎物就会警觉，于是就会失去狩猎的大好机会；与之相反，当猴子遭到别的动物追捕时，扑朔迷离的视线会令捕猎者产生错觉。这样猴子就能逃之夭夭了！

大猩猩为什么特别喜欢捶胸？

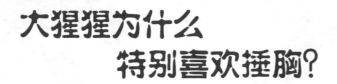

小朋友们，你们看过电影《金刚》吗？里面的大猩猩每次发怒时，都会怕打着自己的胸膛，霸王龙看见了，都会害怕地退一步。而它与美女互动时，也会拍打着胸膛。问题出来了，大猩猩怎么那么喜欢捶胸呀？难道它不觉得疼吗？

其实，它的这个举动是有多重含义的呢！首先，这个动作代表示威，向敌人展示自己绝对的力量；其次，代表求偶，是向雌猩猩展示自己的魅力。在动物园内，如果朝着大猩猩丢东西或者尖叫的话，它也会捶胸哦！那就代表着它要发怒了。

智慧大本营 ♠

大猩猩虽然体大力大，但一般而言，它们是非常温和、善良且安静的素食主义者哦，只有在受到攻击或者围困时，才会捶胸咆哮，变成危险的反抗者。

为什么金丝猴
是国家珍稀保护动物？

　　可爱的金丝猴十分机警，动作敏捷，但是脾气却很暴躁。它们喜欢群居，每群猴当中都有一只猴王。金丝猴的种类有四种，分别是川金丝猴、滇金丝猴、黔金丝猴和越南金丝猴。除了越南金丝猴之外，其他三种金丝猴都是我国特有的，但是数量稀少。

　　正所谓物以稀为贵，人类的发展对金丝猴的生存环境影响日益加深，它们的数量稀少，只有把它们列入珍稀保护动物，加强对它们的重视程度，才不会出现金丝猴灭绝的情况。

　　吼猴生活在南美的丛林当中，它非常擅长吼叫，而且声音非常大，在1500米以外都能听得清清楚楚。

　　吼猴的叫声如雷是有特殊原因的，它的喉咙里有一块特殊的舌骨。这块舌骨非常大，能够形成一种特殊的回音效果，发出震撼四野的声音。当吼猴需要传递信息、联络伙伴的时候，就会发出无比巨大的吼声。

　　吼猴还会因为传递信息的不同，而发出不同的吼声，如长短不同。

吼猴为什么是个大嗓门？

　　除此之外，每当面临敌人侵袭或是异族入侵自己的领地时，吼猴也会发出无比巨大的叫声来恐吓对方，以达到自卫的目的。

兔子的耳朵为什么这么长?

　　在动物世界，兔子是弱小的，绝大多数的食肉动物都猎食它们。因此，兔子为了更适合生存环境，就向着善于逃跑的方向进化。比如，它的腿非常善于奔跑，耳朵也非常长。

　　这是因为猎食兔子的动物都善于奔跑，脚下也有肉垫，声音非常小，而且捕食的时候还会尽量减小走动的声音。而兔子的耳朵越长，耳廓就越大，对周围和稍远距离的危险信息就会听得越快，并迅速做出反应。

智慧大本营 ♠

　　即使兔子老了以后也不会掉牙。因为兔子一生中，所有的牙齿都在不断地生长，因此它必须不断地磨牙。

兔子为什么会吃自己的粪便？

世界之大无奇不有，在动物之中，竟然还有动物会吃自己的粪便，你们知道它是谁吗？它就是兔子哦！

兔子的大便一般都是硬硬的黑色小圆球，偶尔也会排出一些柔软的粪便。每当兔子拉出柔软的粪便时，它们都会吃掉！这是为什么呢？

原来，这些柔软的粪便中含有一些特殊成分，就是食物中初次无法消化的植物纤维和一些没有吸收的维生素以及蛋白质等。兔子将这些柔软的粪便吃掉，吸收掉营养成分，就会排出硬硬的小粪球。

这是正常的现象，而且是必需的。如果兔子不吃这些粪便，可能会因营养不良而死亡呢！

为什么白兔的眼睛是红的？

兔子的眼睛颜色与其皮毛的颜色有关系，黑兔的眼睛是黑色的，灰兔的眼睛是灰色的，但是白兔的眼睛却是红色的，这是为什么呢？

实际上，经过进化，白兔的体内几乎没有色素成分，也就是它的皮毛是白色的，眼球也变得无色了。之所以白兔的眼睛显现成红色，是因为它的眼睛里分布着许多毛细血管，所以我们看到的红眼睛其实是血液的颜色。

而且，在白兔的视网膜上长着一块反射板，能反射眼底的光线，因此，白兔的眼睛看起来还会闪闪发亮。当白兔死后，由于没有了血液循环，它的眼睛会逐渐变成无色。

老鼠为何总难以灭绝？

作为四害之一的老鼠总是除之不尽，令人非常讨厌。小朋友们知道为什么会有那么多老鼠吗？难道没有什么办法将其灭绝吗？

这是因为老鼠拥有极强的繁殖能力。动物学家经过研究发现，一只母老鼠每胎最多能够产下十几只小老鼠，而一只母老鼠一年之中最多能够生八窝小老鼠。

除此之外，老鼠还拥有极强的生存能力，存活率极高，这也是老鼠数量众多的一个重要原因。

智慧大本营 ♠

有科学家认为，老鼠的存活能力与它的"智力"有很大的关系，通常来说，越小的动物其"智力"水平也越低，可老鼠是个例外，它的"智商"很高，因此，它总能巧妙地逃脱人类的捕杀以及天敌的猎食。

老鼠为什么要啃木头？

老鼠很喜欢啃木头，这是为什么呢？原来，老鼠是一种啮齿动物，部分牙齿在一生中会不停地生长。老鼠为了防止牙齿刺破嘴唇或是刺穿上颚，以及带来的其他不便，所以要不断地磨牙。当然，老鼠不止啃木头，只要能够啃得动的物体它都啃。

老鼠不仅会损坏器物，还能造成巨大的经济损失。如果老鼠啃地下电缆，就会造成短路，导致电力事故；如果老鼠啃不可以断电的工厂设备，就会导致整个工厂停止运作。所以说鼠害不除，将后患无穷。

在许多年前，松树林内生活着许多无忧无虑的小松鼠，它们吃着松果，每天玩耍嬉戏，看到人类时，总会主动地亲近呢！但是现在不同了，因为人们的肆意砍伐，小松鼠们都躲了起来。不过，它们一直在做着环保工作。

小朋友们是否好奇小松鼠都做些什么呢？小松鼠有个习惯，就是喜欢储存食物，它们会把一些坚果埋在地下，一半越冬吃，一半留着发芽。你瞧，那一棵棵的小树苗，很有可能是小松鼠种出来的哦！所以，人们给予了松鼠们"环保专家"的称号。

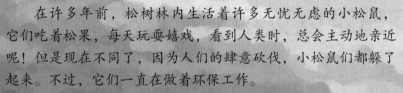

为什么松鼠被称为自然界的「环保专家」？

松鼠的尾巴有什么用？

松鼠长着一条毛茸茸的大尾巴，非常好看，除了好看，这条漂亮的大尾巴还有许多用途呢！

晚上或是比较寒冷的日子，松鼠就将大尾巴当成又松又软的被子，把自己的整个身子蜷缩在尾巴里取暖。每当松鼠从树上往下跳，或是不小心从树上掉下来的时候，松鼠就将大尾巴当成"降落伞"。于是，小松鼠就能顺利地逃离危险，或者安全落地。

当松鼠在树上跳跃或是走动时，松鼠就将大尾巴当成保持平衡的"舵"，使自己在空中能保持身体平衡。有趣的是，松鼠能够通过调整尾巴的朝向，来改变自己前进的方向，使自己能在树枝间自由跳跃。更有趣的是，小松鼠还能够用尾巴钩住树枝荡秋千呢。

除此之外，动物学家还发现松鼠可以通过尾巴的摆动来传递信息。

袋鼠肚子上为什么有一个口袋？

袋鼠因为其独特的外形，深得人们喜爱。它们是世界知名的有袋动物，每只雌袋鼠的腹部都长着一个大口袋，它们也因此而得名。

有时候，袋鼠的口袋内会冒出一个小袋鼠，于是，人们把袋鼠的口袋称为"育儿袋"。小袋鼠出生后，都会在妈妈的口袋中待着，因为它们不像别的哺乳动物，一生下来就发育完整。要知道刚生下来的袋鼠非常小，只有人的小指头一半长呢，而且身体还是透明的，血液、内脏都能看清楚，十分脆弱！所以，它们必须在妈妈的袋子里继续发育。

袋鼠的尾巴有什么用？

小朋友们，你们仔细观察过袋鼠的尾巴长什么样吗？知道它有什么用吗？

袋鼠的尾巴又粗又长，长满了肌肉。袋鼠的尾巴可是"多功能"的，作用非常大。它既能在袋鼠休息时支撑袋鼠的身体，又能在袋鼠跳跃时帮助袋鼠保持身体平衡，跳得更快更远。如果遇到紧急情况，袋鼠在尾巴的帮助下一下能跳出10多米远呢。

另外，袋鼠的尾巴还是重要的进攻与防卫的武器。当人与袋鼠近距离接触时，绝对不能踩到袋鼠的尾巴，否则袋鼠马上就会像老虎一样用尾巴横扫，进入"正当"防卫的状态，袋鼠尾部的力量很大，是很有攻击力的，所以人们要小心。

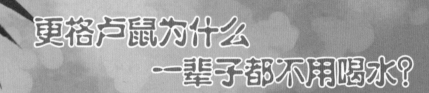

更格卢鼠为什么一辈子都不用喝水？

小朋友们想一想，有没有哪种动物，可以一辈子都不喝水呢？有的，那就是更格卢鼠。

更格卢鼠生活在北美洲，它可以终生不喝水，只是靠食物中的水分来维持自己的生命。由于较长时间地适应缺水的环境，更格卢鼠甚至都不吃雨后长出的富含水分的绿色植物，而是一如既往地吃它爱吃的比较干燥的植物的种子。

更格卢鼠有一套特别有效的保水策略，它呼吸时消耗的水分非常少，因为它的肺部结构特殊，可以使呼出气流的温度尽可能低一些，所含水分也会尽可能少一些；它没有汗腺，不会通过皮肤损失水分。它白天待在空气比较潮湿的洞中，而且还要把洞口堵上，以保持洞内的空气湿度，减少呼吸造成的水分损失。

另外，它浓缩尿的能力也特别强，粪便也很干，通过尿和粪便带走的水分也很少。

智慧大本营

在欧洲和亚洲的沙鼠、跳鼠、蜥蜴等，也和更格卢鼠一样，从来不需要饮水。它们保持体内水分的策略，几乎和更格卢鼠一样。

为什么豪猪要长那么多刺？

豪猪生长在林木繁茂地区或靠近农田的山坡草丛，多成群结队。它们不但身体肥壮，自肩部以后直达尾部还密布长刺，且刺的颜色黑白相间，粗细不等。豪猪身上为什么要长那么多刺呢？又有什么用呢？

原来豪猪长那么多刺，主要是用来保护自己的。如果豪猪的叫声还不能赶走敌人，那么它们不会犹豫太长时间就开始进攻了。

豪猪先是从守势立刻转入攻势。瞧，它们闪电般地转过身体，把刺尖对准敌人，后退着冲过去。锋利的豪猪刺就会扎进敌人的嘴里，并迅速脱落，留在敌人的嘴里。当敌人忙着拔刺时，豪猪早就跑得无影无踪了。

小熊猫是大熊猫生的吗？

小熊猫和大熊猫只差一个字，它们是近亲吗？小熊猫是大熊猫生的吗？

实际上，大熊猫和小熊猫是完全不同的两种动物，甚至没有一点沾亲带故的关系。大熊猫属于熊科动物，只有中国才有。小熊猫属于小熊猫科动物，除中国外，印度、尼泊尔、不丹等国也有它的身影。

从形体特征上来看，大熊猫和小熊猫区别也很大。大熊猫体形肥硕，头是圆的，尾巴短，身体遍布黑白相间的皮毛，体长在一两米之间，体重可以达到100多千克。而小熊猫全身皮毛呈现褐红色，尾巴又粗又长，有的超出了体长的一半，它的体长只有40～60厘米，体重只有6～7千克。

为什么大熊猫会成为「国宝」?

大熊猫体形肥胖，憨态可掬，十分惹人喜爱。大熊猫是一种历史悠久的动物。

根据考证，800多万年以前，大熊猫的足迹已经出现在我国南方的许多省份了。但随着时间的推移，以及地形、气候、植被等发生了巨大的变化，大熊猫的数量急剧下降。到了20世纪80年代，野外大熊猫的数量只有1000余只了。

因此，为了保护这一稀有物种，我国已经把大熊猫列为濒危保护动物，并授予其"国宝"的称号。

熊猫生下来就只爱吃竹子吗？

我们在动物园的时候，总是能看到大熊猫抱着竹子啃个不停，难道熊猫一生下来就只爱吃竹子吗？其实不然，动物学家指出大熊猫的祖先是食肉动物，而且它们将祖先的这一习性一直延续了下来。现在，如果条件允许的话，大熊猫仍然会选择吃肉。那么，大熊猫为什么那么爱吃竹子呢？

其中的缘由在于熊猫的进化历史中。在很久以前，大熊猫遭到了冰川的侵袭，在这场灾难中很多物种都灭绝了，食物一下子非常难找。这一时期，聪明的大熊猫发现竹子也可以吃，于是生活在四川、甘肃一带的大熊猫就开始改吃竹子了。久而久之，便形成了一种生活习性。

因为大熊猫经常吃竹子，所以它们的白齿特别大，这样利于磨碎竹子。一只成年大熊猫每天要吃掉将近20千克的竹子呢！

智慧大本营 ↑

大熊猫属杂食动物，除竹子外还特别喜欢吃苹果。另外，喝水也是它的一大爱好，所以大多数熊猫家园都设在溪涧流水附近。

为什么有的大熊猫是双胞胎？

小朋友们，你们发现没有，有的大熊猫是双胞胎，这是为什么呢？原来，在圈养条件下，大熊猫的发情周期都是被全程监控的。为了保证大熊猫成功受孕，科研人员除了让大熊猫自然交配外，还要为大熊猫进行人工授精，从而使大熊猫生双胞胎甚至三胞胎的概率大大提高。

大熊猫是我国的国宝，数量非常的少，人工繁殖让大熊猫生双胞胎，甚至多胞胎的方式，仍不足以改变大熊猫濒危的状况，所以，保护国宝大熊猫的任务任重而道远。

树懒为什么那么懒呢？

　　树懒生活在南美洲，以"懒"而闻名于世。树懒终生几乎所有的时间都把自己挂在树梢上，一动也不动，睡觉、摄食、产仔都在树上完成，有的甚至死后还挂在树上。树懒为什么这么懒呢？

　　原来，树懒这么懒是它生存的秘笈，这样做可以减少新陈代谢，节省体力消耗，降低对食物的需求，避免因采食被敌害发现，提高自身的存活率。树懒不能行走，只能用爪费力地爬行，因此它们只在排泄时才下到地面，1个月大约只有一两次。树懒的体毛最初是褐色的，由于它不愿意活动，藻类和地衣被风吹到了身上，在它那潮湿的毛上生长了起来，最后树懒的全身就变成了绿色的了，这就像是穿了件迷彩服，很难被天敌发现了，这样它就更可以安心地睡大觉了。

智慧大本营 ▲

刺猬通常在夜间活动，它的主要食物是昆虫和蠕虫，可谓是农民伯伯的好帮手。但是，可怜的刺猬虽能抵抗许多种毒物，却无法抵抗杀虫剂，有时常因误食被杀虫剂杀死的虫子而中毒身亡。

刺猬为什么最怕黄鼠狼？

　　俗话说："狗咬刺猬，无处下口。"形象地道出了刺猬极强的防御能力。每当刺猬遇到强敌时，长满尖刺的刺猬就会缩成一个刺球，因此，很多凶猛的动物面对它时，都无计可施，只得悻悻而去，这样一来，刺猬就可以逃之夭夭啦！

　　但是，动物当中，也有刺猬的强敌，那就是黄鼠狼，刺猬非常害怕它。这是因为黄鼠狼有一种特殊的本领——放屁。黄鼠狼放出的屁有一种特殊的气味。一旦刺猬闻到黄鼠狼的臭屁，就会立即昏迷，身体自然展开，黄鼠狼也就能轻而易举地将其捕获了。

哎呀，臭死了！

蝙蝠到底是不是鸟?

蝙蝠会飞，那它是鸟儿吗？其实不是的，它是一种哺乳动物哦。

蝙蝠与鸟类完全不同。鸟全身有羽毛，而蝙蝠的身上并没有羽毛；鸟的口腔里没有牙齿，而蝙蝠却长着细小的牙齿；鸟的消化道中，有储放谷物的嗉囊和砂囊，有助于磨碎食物，而蝙蝠却没有嗉囊和砂囊；蝙蝠的翅膀与鸟的翅膀也不同，它是一层薄薄的翼膜。此外，蝙蝠和鸟还有个很大的不同，就是蝙蝠是胎生的，而鸟却是卵生的。

由此可知，蝙蝠虽然会飞，长得很像鸟，但是它不是鸟，而是唯一的一种会飞的哺乳动物。

智慧大本营

蝙蝠在快速飞行时，身体会变得很热，这时，它就会把肌肉中的热血输送到翅翼的血管里，让血液在冷空气中迅速降温，再流回到肌肉中。

蝙蝠睡觉为什么要头朝下呢？

蝙蝠有一个习性，它总喜欢倒挂着身体睡觉，这是为什么呢？

其实，这是由蝙蝠的身体结构决定的。蝙蝠的前肢尽管有爪钩，但是不能用来着地，只能辅助攀爬。而后肢上的大爪钩适合悬挂。另外，由于蝙蝠长着一副大翼膜，小小的后肢落地后，根本站不起来，更别说飞行了。

蝙蝠飞翔是靠从空中落下的惯性起飞的，如果不幸落在地上，就再也飞不起来了。因此，蝙蝠总是把自己高高地倒挂在洞中或者枝丫上，一旦危险来临，就能快速起飞，逃离危险。此外，挂在高处相对来说也比较安全，能避免敌害的侵袭。

蝙蝠为什么要在夜里飞行？

蝙蝠非常不喜欢光线，所以，白天在伸手不见五指的山洞中可以看到它的身影。只有在没有光线的地方，它才会安然"扎营"。到了夜晚，它就会出来觅食，是典型的"夜猫子"。

那么，蝙蝠为什么要在夜里飞行呢？

原来，蝙蝠夜间行动，有很多的好处呢！如果在夜间出来活动，蝙蝠就能够捕食那些夜间出来活动的昆虫，而且也能够避开天敌，以及高温、阳光的伤害。因为蝙蝠的翅膀宽大，而且没有毛，如果白天出来活动的话，就会被太阳晒伤。

为什么蝙蝠能用耳朵"看"东西？

专家指出蝙蝠的视力非常差。可在日常生活中我们却发现，即使是在昏暗的夜空中，蝙蝠急速飞行，却不会撞到任何物体，而且还能准确地猎获小虫，这是为什么呢？

原来，蝙蝠高超的飞行本领，与它的视力无关，而是与它的耳朵有很大的关系，它能用耳朵"看"东西呢！

科学家经过研究发现，蝙蝠是用超声波定位"导航"的。蝙蝠的喉部发出超声波，当遇到虫子或障碍物时，超声波就会被立即反射回来。它的耳朵接收到回波信号之后，很快做出判定，物体的方位、距离就会了如指掌。经过判定，如果是食物就捕捉，如果是障碍物就绕过，这就是蝙蝠用耳朵"看"东西的全过程。

智慧大本营 🌲

狐蝠是世界上最大的蝙蝠。狐蝠的两个飞翼展开长达90厘米以上，它们的脸长得特别像狐狸。白天，狐蝠成群地倒挂在大树枝上，晚上，外出觅食野果、花蜜。

为什么**鸟类**的羽毛是五**颜**六**色**的？

鸟类的羽毛五颜六色，漂亮极了，鸟类的"外衣"为什么是五颜六色的呢？

其实，鸟类的羽毛颜色与其生活环境关系密切。鸟类多生活在树林里，树林里气候潮湿，林中的花草开得五颜六色。鸟儿为了适应这种环境，慢慢地羽毛也变得五颜六色的了，这样就能够使自己身处树林中而不被敌人发现。

科学研究认为，动物与自己栖息的环境总在各个方面都形成适应性。鸟儿也不例外，它们五颜六色的羽色正是在长期的生存竞争中形成的。

鸟类是没有牙齿的，为了适应飞翔的生活，鸟类采用了另外一种取食方式，那就是不用牙齿吃东西，而是用锥形嘴巴来啄食吃。

不同种类的鸟，它们的嘴也是不一样的，但基本上都是尖尖的。原来它们形状各异的尖嘴是为了适应各种不同的环境，以及获取不同的猎物。鹦鹉的嘴短小，上下两片呈弯曲钩状，便于它咬开坚果；海鸥等水鸟有着尖而短的嘴，有利于捕食水中的鱼虾；鹤鹳类有着又尖又长的嘴，便于在浅水中觅食鱼类；啄木鸟的嘴像凿子一样硬，能够敲开坚硬的树皮，吃掉里面的害虫；大嘴鸟的嘴非常宽大，便于捕捉食物；一些大型猛禽的嘴则尖锐无比，能够将猎物撕成碎片而分食。

鸟类的嘴为什么形状各异？

鸟类为什么喜欢梳理羽毛？

小朋友们可能都知道，鸟儿们没事的时候就爱梳理自己的羽毛，这是为什么呢？

其实，鸟类喜欢梳理自己的羽毛，主要有两方面的原因，一是为了把羽毛上的脏东西和寄生虫梳理掉，有些鸟梳理羽毛的工作是在水中进行的，这样更容易把羽毛里的脏东西去掉；二是为了加强羽毛的防水作用，鸟儿在梳理羽毛的时候，总会把一些油脂抹在羽毛上，这样就加强了羽毛的防水作用。

科学家通过观察发现，雏鸟通常都会花很多时间去梳理自己的羽毛。因此，当它们长大以后，一直沿袭这种习惯。

为什么有的鸟儿喜欢飞到南方去过冬？

每当冬天即将来临，许多鸟儿就会飞到温暖的南方去过冬。其实，鸟儿飞到南方去过冬，是它们在漫长的进化过程中，为了适应自然环境而逐渐形成的现象。

影响鸟类迁徙的因素主要有两个，一个是因为觅食，当北方天气冷了，鸟儿能吃的食物便渐渐少了，而南方却正好相反，因此一些候鸟就飞到南方来越冬；另一个原因是寻找适宜的繁殖地，在夏天，北方的天气转暖，很适宜鸟儿繁殖，于是鸟儿们便回到北方来生儿育女，繁衍后代。

另外，由于自然灾害、环境的变化等原因，也会造成一些鸟类不规律的迁徙行为。

> **智慧大本营** ▲
>
> 鸟类的头较小，前端尖，身躯呈流线形，这样的体型特征有利于它们在天空飞行。它们身姿轻盈灵活，在飞行时可以减少空气的阻力。

鸟儿在树上睡觉为什么不会掉下来?

小朋友们,你们有这样的经历吗?晚上睡觉时,原本是睡在床上的,可早上就睡在了地上,妈妈一定会说你晚上睡觉老爱动。在动物界,鸟儿们都把家安在高树上,可是从来没发现有鸟儿睡觉时掉下来。你们知道原因吗?

告诉你们哦,鸟儿的爪子很犀利,它们睡觉前,总喜欢抓住树枝。可能大家会疑惑,鸟儿睡着了肌肉还是绷紧的吗?确实如此,它们的肌肉很特别,会自动收紧,放松时,必须得用力,所以鸟儿睡着了,爪子都不会松开呢!另外,鸟儿休息时,腿都是弯曲的,腿上的屈肌腱就会自动勒紧,这样爪子就可以将树枝紧紧抓住。

科学家们还研究发现,鸟儿的大脑很发达,它们能调节运动和平衡呢!恐怕只有树枝断了,它们才有可能从树上掉下来。

智慧大本营 ↑

鸟类的羽毛分为正羽、绒羽和毛羽三种类型。正羽呈片状,形成一层防风外壳,对飞翔及平衡起决定性作用。绒羽羽片不太坚实,有保温作用。只有拔去正羽才能看见绒羽。毛羽很细,呈毛发状,杂生在正羽与绒羽之中。

我们都看见过鸟儿拉屎，却从未看见过鸟儿尿尿，鸟儿为什么不会尿尿呢？

这跟鸟类的身体结构有很大的关系。鸟类有很长的小肠和粗短的大肠。大肠与泄殖腔紧密相连。尽管鸟类有肾脏，但却没有膀胱，所以即使它有尿也没办法储存。与肾脏相连的两条长长的输尿管直接与泄殖腔相连。因此，鸟儿的尿液就混着粪便一起排泄啦！

如果仔细观察就会发现鸟粪上常常有一些白色的凝结物，实际上，这就是鸟尿排出后经氧化而形成的。所以说，并不是鸟类不尿尿，而是尿液跟粪便一起排出体外了。

鸟随时将粪便和尿液排出体外，就是为了减轻体重，便于飞翔。

鸟认识自己的蛋吗？

有些鸟儿能准确无误地认出是不是自己的蛋，会将巢内的其他鸟蛋，一股脑儿地抛出巢外。但是，并不是所有的鸟儿都这么聪明，有的鸟根本不认识自己的蛋。红嘴鸥甚至会长时间地把一个空子弹壳当自己的蛋来孵，而秃鹫甚至会一连几周都坐在被它抓进窝内的一个白色橡皮球上，原来它把橡皮球当成自己的蛋了。

杜鹃从来不孵化自己的蛋，而是把自己的蛋产到画眉、苇莺、红尾伯劳等鸟类的巢里，而这些鸟竟然会茫然接受，把杜鹃的蛋当做自己的蛋进行孵化。

为什么称雄犀鸟为"模范丈夫"？

犀鸟因头上长着一个铜盔状的突起，样子与犀牛的角相似，故而得名犀鸟。

犀鸟在繁殖期总是成对活动的。它们会仔细选择，最后在高大树干的洞穴建造巢穴，随后雌犀鸟在巢里产卵。犀鸟夫妇在产完卵后会将巢穴的洞口堵上，只留下一个小小的洞，这个洞的大小能够使雌犀鸟伸出嘴尖就行。

在雌犀鸟被封在巢穴之后，雄犀鸟就不辞辛劳地外出捕食，以确保雌犀鸟的营养和幼犀鸟生长发育的需要。

此时的雌犀鸟只需安心地在洞里孵化小犀鸟，此外什么都不干，雄犀鸟会将它们照顾得非常周到，因此，雄犀鸟就被大家称为"模范丈夫"。

智慧大本营 ▲

鸟类中有不少都遵循着"一夫一妻"的原则，如天鹅、信天翁、灰雁等。它们都有着固定的配偶，雌雄鸟常常成对结伴同行。如果有一方遇到意外，另一方甚至会孤独终老。

天鹅都是白色的吗?

小朋友们还记得《丑小鸭》的故事吗? 一开始, 丑小鸭一点也不好看, 它身上的羽毛灰溜溜的, 然而变成天鹅后, 羽毛白得似雪, 既高贵又美丽。那么, 是不是所有的天鹅都是白色的呢?

其实不是。我们在动画片中经常看到的黑天鹅, 其实也是天鹅的一种呢! 黑天鹅主要生活在澳大利亚和新西兰地区, 和美丽的白天鹅一样, 它也很漂亮, 它全身的羽毛主要呈黑灰色或黑褐色, 嘴巴则是红色的。除了颜色, 黑天鹅的生活习性也与众不同, 白天鹅是群居动物, 而黑天鹅截然相反, 它们喜欢独立生活。

除此之外, 还有一种 "小天鹅", 它们的羽毛是偏黄色的。所以说, 天鹅并不全都是白色的哦!

公鸡为什么会打鸣?

天刚蒙蒙亮的时候, 公鸡就会准时准点地打鸣, 如果附近也有公鸡, 它们就会争相打鸣, 声音洪亮, 用尽一切力气告诉大家天就快要亮了。公鸡为什么会打鸣呢?

原来, 公鸡打鸣是表达愉悦的心情呢! 天黑以后, 公鸡看不见东西。在夜里, 它们要始终保持紧张戒备的状态, 以抵御随时可能出现的危机。当黎明来临的时候, 公鸡逐渐能看清东西, 紧张感就会逐渐消失, 这时的它们会感到非常开心。它打鸣正是抒发自己的情感呢。

此外, 公鸡打鸣还有深意哦, 就是告诉同类自己所处的地位, 并吸引母鸡到自己身边来。

智慧大本营

公鸡打鸣为什么那么准确呢? 原来是公鸡脑中长了一个 "生物钟", 位于大脑和小脑之间的松果体细胞中。公鸡就是靠着这个 "生物钟", 使打鸣的时间总是比较准确。

鸡为什么爱吃小石子？

　　小朋友们发现没有？鸡即使吃饱了，也还会吃一些小石子、砂粒或者煤灰。为什么它们那么贪吃呢？原来，鸡吃小石子不是为了填饱肚子，而是要借助这些东西来消化食物。

　　我们都知道，鸡没有牙齿，不可能像人一样把食物嚼碎后再吞下，所以鸡肚子里的食物没办法充分消化，于是，聪明的鸡就吃一些小石子等坚硬的东西，用它们磨碎食物，帮助消化。

　　鸡肫（鸡的胃）的肌肉厚而坚韧，不怕石子等坚硬的物体。鸡吞下的石子与食物随着鸡肫的蠕动，反复搅拌、摩擦，将食物碾成细软的碎糊。成了碎糊的食物才能被鸡的身体吸收，变成各种营养物质让鸡健康成长。

母鸡下蛋后为什么"咯咯"叫不停？

　　母鸡下了蛋后，总是来回跑动，并"咯咯"地叫个不停，这是为什么呢？

　　原来，这是母鸡兴奋的一种表现。虽然我们感觉母鸡生蛋是再正常不过的现象，但事实上，母鸡生蛋是一个非常困难的过程。生蛋是一个费时费力的活，母鸡要耗费很长时间、很大的精力，才能下出一只蛋来。除此之外，母鸡下蛋后生理上发生了变化，身体上的压力得到释放，母鸡就"咯咯"叫了起来。同时，母鸡会变得十分警觉，它会通过叫声通知鸡群其他成员。

　　总之，母鸡下蛋后"咯咯"叫个不停，不仅是生理现象，也是它们传递信息、预警的方式。

鸡也有翅膀，可为什么不会飞？

　　因为有了翅膀，大部分鸟类能够飞翔，鸡也有翅膀，但是它们却只能在地上生活，无法飞上天空。

　　其实，在很久以前，生活在山林里的鸡是会飞的。只是后来，山鸡被人类抓起来圈养，使得山鸡的生活环境变得非常狭窄，翅膀上的肌肉组织逐渐退化，体重也不断增加，因而丧失了飞行的能力，慢慢适应了地面上的生活。不过当它碰到袭击它的敌人时，也是还会拼命扑腾一下翅膀的。

　　目前，世界上还存在没有被驯化的原鸡，它们可以在短距离内飞行。另外，鸡的同类——野鸡也是会飞的。

　　所以说，鸡原本是会飞的，只不过是经过了人类长期的驯化，失去了飞行的能力。

智慧大本营 ◆

　　鸡身上寄生有许多小虫子，为了去掉这些小虫子，鸡只好用身体在地面上摩擦，使羽毛沾满砂粒，然后用力抖抖。这样，附在羽毛上的小虫子就被抖掉了。

鸡蛋为什么一头大一头小?

原来是因为挤压啊!

小朋友们,你们仔细观察就会发现鸡蛋是一头大一头小,这是为什么呢?原来,这与鸡蛋在母鸡体内的形成和挤压过程有关。

鸡蛋大体上由蛋黄、蛋白、壳膜和蛋壳四个部分组成。鸡蛋呈现一头大一头小,是因为鸡蛋在生成的过程中被挤压的结果。鸡蛋被挤压的一端,蛋白和壳膜不由自主地向左右扩展,比原来所占的地方大了不少。鸡蛋壳形成后,大的一头就立即成形了,鸡蛋小头的一端形成正好与之相反。鸡蛋在母鸡体内形成之后,小的一头朝着鸡的尾巴方向,而大的一头是朝着相反的方向。鸡蛋大的一头有气室,小鸡出壳前,要呼吸那里头的空气。

鸭子冬天在水里游泳难道不怕冷吗?

除了河面结冰,鸭子一年四季都会在水中追逐嬉戏,并发出"嘎嘎"的欢叫声。你知道为什么鸭子冬天在水里游泳不怕冷吗?

其实鸭子不怕冷是有原因的,鸭子的体温很高(42℃左右),非常抗寒,不必担心受冻。鸭子小腿和脚掌的骨髓凝固点非常低,所以即使长期处于冰水中,也不影响它脚上的血液流通。加上鸭子的新陈代谢能力十分旺盛,能够产生大量的热量。

鸭子还有着一套极品装备,就是它布满全身浓密柔软的鸭毛,同时体内分泌的大量油脂包裹鸭子的全身,仿佛穿上了一件不透水的"羽绒服"。另外,鸭子没有汗腺,皮下的脂肪层非常肥厚,因此耐寒。

所以,有了这些层层防护,鸭子冬天在水里当然也能游来游去了。

为什么鸭子走路摇摇晃晃的？

鸭子走路时总是气宇轩昂，挺胸抬头，但却总是左右摇摆。这是为什么呢？

其实，这与鸭子的生活习性和形态结构息息相关。仔细观察，鸭子的双脚很短，而且不是长在身体下面的正中央，而是稍微靠后一些。这样直接导致它们的身体前重后轻。如果它们将身体平放行走，由于身体的重心靠前，它的身子就会向前倾倒。所以鸭子走路时必须把身体挺起来，稍稍后仰，把身体重心后移到双脚之间，来保持身体平衡。

可是，由于鸭子的腿很短，因此走路时身体就会随着脚步来回摆动，看起来就是摇摇晃晃的了。

智慧大本营 ↑

尽管鸭子走路摇摇晃晃，不是很灵便，不过它们一旦跳入水中，就又恢复了悠然流畅的游动姿态。比起那些走路优美的动物落水时狼狈拍打扑腾的样子，要从容得多了。

家鸭为什么不孵蛋？

许多人以为，家鸭和家鸡一样，是由它们自己孵化下一代的。其实，家鸭并不孵蛋，而是由母鸡代孵或人工孵化的。家鸭为什么不自己孵蛋呢？

要解开这个谜团，还要从头说起。家鸭是由古代的绿头鸭，即我们通常所说的野鸭演变而来的。

原本绿头鸭是迁徙动物，总是飞到北方产卵，天气冷的时候再飞回南方过冬。后来，人类将绿头鸭抓起来驯养以后，它就不能够迁徙了，只能老老实实地在圈里生活。人们为了让绿头鸭生更多的鸭蛋，就给它提供大量的食物，让它一味地产蛋，不提供适宜的孵蛋环境，而人们也选择那些产蛋多却不孵蛋的家鸭继续饲养。

久而久之，家鸭就失去了孵蛋的能力，只能依靠还有这种能力的母鸡代劳了。

杜鹃是自己孵化后代吗？

鸟类多数是自己孵化后代，但是也有个别鸟与众不同，它们不仅不自己孵化后代，而且还投机取巧，让其他鸟帮助自己孵化后代。杜鹃就是这样的一种鸟。

繁殖季节到来的时候，杜鹃就非常忙，到处寻找画眉、苇莺、红尾伯劳等鸟类的巢穴，找到后，偷偷将自己的蛋产在它们的巢里。甚至为了不让巢穴的主人发现，它还会把巢穴里原有的蛋带走。

因为鸟蛋都极为相似，被杜鹃欺骗的那些鸟儿回巢后，根本不会发现，仍旧像对待自己的孩子一样精心孵化，将小杜鹃养大。

66

鹦鹉为什么会学舌?

你真可爱!

鹦鹉是羽毛艳丽、爱叫的鸟。它不仅爱叫,还能学人说话呢。鹦鹉明明是鸟类,为什么能学人说话呢?

科学家据观察发现,鹦鹉的口腔比一般的鸟要大,而且两条支气管交叉处的鸣管也很

你真可爱!

特别,管壁非常薄,一旦空气通过,就能很轻易地发出声来。而且,鹦鹉的舌头又细又长,非常灵活,这也有利于它们模仿人类的发音。

另外,出色的记忆力也是鹦鹉能学人说话的重要原因。如果人们经常有意识地训练它们,它们就能重复人们发出的简单声调。经过训练,鹦鹉虽然会说一些简单的话,但是它们只是从声音上模仿人类。所以,人们常用"鹦鹉学舌"讽刺那些人云亦云、没有独立见解的人。

远飞的鸽子是怎么回家的?

古时候,鸽子担任"信使"的工作。在外求学的游子们写好书信后,经常让鸽子把信带回家中。曾经有人把鸽子带去很远的地方,一些天后,鸽子又飞回来了。鸽子识路的本领怎么那么强呢?

这要归功于鸽子发达的神经系统和感觉器官。在鸽子的头上,有一个能够感应地磁场的凸起。在长途跋涉的旅途当中,鸽子能够根据地球磁场的变化、纬度的不同,来辨别飞行的方向,寻找回家的正确路线。另外,科学研究发现,鸽子的记忆力超强,能够记住巢穴周边的标志性物体,甚至天上的太阳、星星,以及地上的山脉等都能够作为它导航的路标。

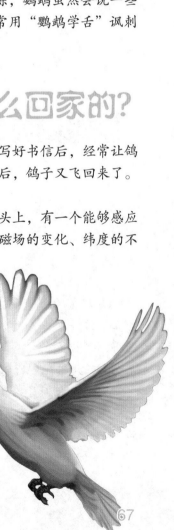

所以,鸽子能从遥远的地方飞回自己的家,是由于它具有多种辨别方向的手段。

老鹰为什么有时不扇动翅膀也可以飞翔?

如果你到广阔的草原去,可以看见老鹰在天空中张着翅膀,一动也不动地滑翔,十分轻松自如。为什么老鹰能够不扇动翅膀而照样飞翔呢?

我们都知道空气是流动的,聪明的老鹰是利用空气上升气流的高手。它们在飞行时,借助空气中上升气流升到一定高度之后,就"悬"在空中,也不用扇动翅膀。

而当上升气流能够支撑老鹰的身体之时,老鹰就开始滑翔,十分省力。看,老鹰多聪明!

老鹰为什么能在高空看见地上的小动物?

老鹰的视力非常好,哪怕它飞翔在2~3千米的高空当中,都能够非常清楚地看到地面上的小动物。一旦发现猎物,老鹰就会俯冲下来,被老鹰盯住的猎物一般很难逃生。老鹰的视力为什么这么好呢?

这是因为它的眼部构造独特。鹰的每只眼睛的视网膜上都有两个凹槽,叫作中央凹,一个专门用来看向正前方,另一个负责观察侧面的景物。因此老鹰的视力范围得到了极大的扩展。而且它眼睛里凹槽中的细胞数量众多,是人类的几倍呢!所以,老鹰的眼睛看得更远、更加清晰。

因此,相对于人类和大多数动物来说,老鹰可以称得上是名副其实的"千里眼"。

哪里逃!

快跑!
快快跑!

下雨前燕子为什么总是飞得很低？

　　燕子是一种人们非常喜爱的鸟类，它们善于飞行，大多数时间总是成群结队地在空中飞来飞去，捕食害虫。有经验的老人，一看见燕子飞得很低，就知道天要下雨了，这是为什么呢？

　　这是因为，下雨前空气当中有很多水汽，湿度相对较大，空中飞行的昆虫翅膀也变得湿湿的，飞起来比较费劲，于是它们就会降低飞行高度，甚至会在贴近地面飞行。看到昆虫飞得低，燕子仍然紧追不舍，于是，燕子也降低了飞行高度，以利于寻找食物。

智慧大本营 ↑

　　燕子的嘴很大，张开以后像个捕虫网，当它在空中飞的时候，迎面而来的小虫子，就会被大量吸到它口中。

燕子为什么要在屋檐下筑巢？

　　可爱的燕子总是出现在人们的视线里，因为它非常喜欢栖息在人类居住的环境，尤其是乡村。它们总是三五成群地栖息在乡间房屋的房顶、电线，以及附近的河滩和田野，自从人类盖房子以来，它们就在屋檐下筑巢。燕子为什么要在屋檐下筑巢呢？

　　除了生活习性外，主要的原因就是保护幼燕。原来，燕子不辞辛劳地将泥、植物纤维等和在一起，建造巢穴。它们总是把巢建在屋檐下，一来避免被雨淋湿，二来猫和较大的鸟都无法爬到或者飞到这里。这样，燕子的幼鸟就可以安全地度过成长期。

顾名思义，燕窝指的是燕子的窝。不过，珍品"燕窝"并不是平时看到的家燕的窝，而是金丝燕的窝。燕窝非常珍贵，与燕窝的形成有很大的关系。

金丝燕总是把窝建在悬崖峭壁上，建窝时，它会吐出一种胶质唾液，这种唾液在海风的吹拂下，会变成一种半透明的略带黄色的物质。金丝燕从远处叼来海藻、植物纤维等，再和着身上的羽绒和风干的唾液做窝。

燕窝被采摘之后，要经过一系列的复杂工序，最终才会被制成成品燕窝。燕窝是很好的保健食品，加上它获取不易，因此非常珍贵。

但是燕窝被取走后，金丝燕就又要辛苦做窝了，小朋友们，小金丝燕们是不是很可怜啊？我们要保护它们，尽量不要吃燕窝。

为什么燕窝如此珍贵？

大雁为什么总是排队飞行？

秋天到来的时候，大雁就会成群结队地飞往南方，在空中时而排成"人"字，时而排成"一"字。无论你什么时候看大雁的队伍，总是保持一定的队形，这是为什么呢？

这是因为大雁的飞行路程非常遥远，需要1~2个月的时间才能到达目的地。如果大雁只靠自己扇动翅膀飞到目的地，就会非常疲劳，能否平安抵达目的地也会成为问题。

聪明的大雁想到了一个好办法，就是利用队形，利用空中上升的气流滑翔。领头的大雁鼓动翅膀，就会产生十分微弱的上升气流，排在它后面的大雁在前一只大雁产生的气流冲力下滑翔，非常省力。

另外，大雁排队飞行，不仅是集群本能的表现，还能够防御敌害的侵袭，在团队的帮助下，安全抵达目的地。

智慧大本营

大雁是一种既善于飞翔又善于游泳的大型雁类。它们大多栖息在麦地、河川和湖沼地区，清晨与黄昏外出觅食。

天堂鸟为什么"没有"脚？

听，耳边的鸟鸣声婉转动人，就好像一首优美的曲调。瞧，这鸟儿的羽毛鲜艳多姿，能和凤凰媲美呢！小朋友们，其实，咱们说的就是天堂鸟，也就是"极乐鸟"。在很多人的印象中，天堂鸟都是没有脚的，事实上真的如此吗？

天堂鸟是有脚的哦！它们在空中飞翔时，似乎没有脚，那是因为被身上的羽毛遮住了。另外，它们都生活在人迹罕至的地方，所以很少有人近距离地观察它们。久而久之，人们就产生了一种错觉，认为天堂鸟没有脚。

蜂鸟为什么能在半空中悬停？

蜂鸟是世界上最小的鸟，最小的蜂鸟身长只有5厘米，还没有一只蜻蜓大。不过，蜂鸟虽然个头很小，但飞行本领却非常高强，是个不折不扣的飞行高手。它可以像直升机那样直上直下、倒着飞，甚至可以原地悬停在空中，为什么它有这样的本领呢？

原来，这跟蜂鸟的生理结构有很大的关系。蜂鸟的肌肉非常发达，所以可以高速地振动双翅。当它在空中悬停时，翅膀每秒扇动54次，在垂直上升、下降或前进时每秒扇动75次。蜂鸟就是靠翅膀的快速扇动飞行和悬停在空中的。蜂鸟的这种飞行本领，是其他鸟类望尘莫及的。

小朋友们去过动物园吗？见过孔雀开屏吗？孔雀开屏时，光彩艳丽的尾羽就像一把漂亮的扇子。那么，孔雀为什么会开屏呢？

在孔雀中，雄孔雀的羽毛非常漂亮，开屏最频繁的季节是在三四月份。实际上，雄孔雀开屏是在向雌孔雀表达爱意，开屏展示漂亮的羽毛，以引起雌孔雀的注意，或者是为讨好雌孔雀。所以，孔雀开屏多是一种本能。

另外，当孔雀受到惊吓时也会开屏。而且如果人穿着艳丽醒目的服装站在孔雀面前时，孔雀通常也会开屏，孔雀此时的行为可不是因为攀比，而是因为受了惊吓而产生的防御示威行为。

孔雀为什么那么喜欢开屏？

智慧大本营

世界上的孔雀可以分成三种，生活在中国云南南部和东南亚的绿孔雀；生活在印度和斯里兰卡的蓝孔雀；以及数量稀少的由蓝孔雀演变出的白孔雀。

巨嘴鸟为什么会有个那么奇怪的大嘴?

巨嘴鸟,顾名思义,它拥有一张巨大的嘴,而且嘴还长得特奇怪。这是为什么呢?

成年巨嘴鸟的体长不过60厘米左右,而它们的嘴巴居然有20多厘米,几乎和它们的躯干一样长。更为奇怪的是,这么长的嘴巴其重量却不足30克。原来,巨嘴鸟的嘴骨并不是一个致密的实体,而是一个薄壳,里面充满了海绵状的骨组织。

另外,巨嘴鸟的嘴颜色非常绚丽,上面是黄绿色的,下面是绿色中掺杂着蓝色,而嘴尖却是红色的,再配上眼周天蓝色的毛、橙黄色的胸脯、黑色的脊背,看起来有些让人眼花缭乱。

智慧大本营 ↑

巨嘴鸟在平时生活里会玩一些"游戏",比如两只巨嘴鸟把喙紧扣在一起,相互推搡,直到一方被迫后撤,这时另一只鸟过来将喙指向胜利者,而获胜的一方将继续接受下一只鸟的挑战,真是十分有趣。

火烈鸟因全身为火红色而得名。它的嘴短而厚，上嘴中部突向下曲，奇怪极了。小朋友们，你们知道火烈鸟的嘴为什么是弯的吗？

火烈鸟的嘴之所以长成弯的，跟它们的生活环境和生活习性密切相关。

火烈鸟多生活在咸水湖和沼泽地带，主要以滤食藻类和浮游生物为生。但是这些食物非常分散，而这样一张弯曲的嘴，可以更容易将食物从水中集中地挖出来。久而久之，火烈鸟的嘴就渐渐变成弯的了。

火烈鸟在觅食的时候，通常头朝下，嘴巴倒转，将水中的小虾、小鱼等食物吸入口中，再从嘴巴的边缘处将多余的水和不能吃的渣滓排出来。

火烈鸟的嘴为什么是弯的？

为什么斑鸫鸟要啄玻璃窗？

斑鸫鸟是一种冬候鸟，每年的秋末冬初，它们就会成群结队地飞往温暖的南方过冬。如果仔细观察，你会发现斑鸫鸟总去啄玻璃，这是为什么呢？

斑鸫鸟有非常强烈的领地意识，特别是雄斑鸫鸟非常好斗，当其他的斑鸫鸟闯入它的领地时，它就会和入侵者进行决斗，直到把入侵者赶出去。

有时候，斑鸫鸟看见自己的影子映在玻璃或镜子中，会误以为有别的斑鸫鸟进入了自己的领地，它就会就冲上去啄它，这就是斑鸫鸟啄玻璃的原因啦！

喂！赶快离开我的地盘！

为什么秃鹫的头光秃秃的没有毛呢?

秃鹫又叫秃鹰、坐山雕,是一类以食腐肉为生的大型猛禽。比较有意思的是,秃鹫的头是光秃秃的,这是为什么呢?

秃鹫的头和颈都是秃的,这是它长期进化的结果。秃鹫主要以腐烂的动物尸体为食,为了吃到柔软的肉,它在进食时要将头伸进动物的尸体里。这样的话,秃鹫的头和脖子就很容易沾上细菌,以及尸体里的血污。

如果秃鹫的头有毛的话,血污和细菌就会沾在毛上,久而久之,就会影响秃鹫的健康。而如果它的头上没毛的话,当它们饱餐之后,

光秃秃的头就可以直接接受阳光的照射,这样细菌很快就会被杀死,血污也会逐渐消失,从而达到清洁和消毒的目的。

智慧大本营 ↑

秃鹫在争食时,身体的颜色会发生一些有趣的变化。平时秃鹫的面部是暗褐色的、脖子是浅蓝色的。当它正在啄食动物尸体的时候,面部和脖子就会出现鲜艳的红色。

为什么雄鸟比雌鸟好看？

在自然界中，一般来说，雄鸟的羽色总要比雌鸟好看许多，这是为什么呢？

其实，这与鸟类的求偶和繁殖习性有很大关系，是它们长期适应环境的结果。许多鸟类都是"一夫多妻"的，雄鸟漂亮的羽毛是吸引雌鸟的有力武器，当雄鸟具备了艳丽动人的外表时，就有可能赢得更多的伴侣。

另外，绝大多数鸟都是由雌鸟承担孵卵和育雏任务的，由于雌鸟要长时间待在鸟巢中，其灰暗的羽毛与周围的环境十分相似，这样更能融于环境，可以减少敌害的侵袭。

鱼鹰捉到鱼后为什么不吃？

鱼鹰又叫鸬鹚，平时栖息于河川和湖沼中，它是个捕鱼好手，即使在光线很暗的水中，都能百发百中。

鱼鹰捉到鱼之后不会马上吞咽下去，而是将鱼带到水面，再慢慢吃下去。所以，渔民就利用它这一特性，驯养鱼鹰捕鱼。鱼鹰是渔民的好帮手，经过训练的鱼鹰不停地捕鱼，并把捕到的鱼装进像口袋一样的喉囊里。鱼鹰捉到鱼回到船上时，渔民只要轻轻一捏它的脖子，鱼就会从喉囊里吐出来。其实，鱼鹰也很想吃鱼，只是渔民在它的脖子上套了一个环，所以鱼鹰就不能把大鱼吞下去了。

不过，现在为了保护渔业资源，用鱼鹰捕鱼已被禁止了。

所有的乌鸦都是黑色的吗？

俗话说"天下乌鸦一般黑"，难道天下的乌鸦真的都是黑色的吗？有没有别的可能呢？

其实，乌鸦不都是黑色的，只是黑色的比较常见罢了。在多种多样的动物王国中，还存在着比较奇特的白色乌鸦呢！

白色乌鸦的外形也不尽相同，有的局部生长着白色的羽毛，比如胸前、颈部或是背部；有的背部的羽毛呈现出月牙形。而有的白乌鸦则是通体雪白的。

看来"天下乌鸦一般黑"这句话是不准确的哦！不过，白乌鸦极为稀有，很少有人看到过。

智慧大本营

乌鸦是杂食动物，常吃玉米、瓜果、豆类等农作物，对农业有一定的危害。但它也吃一些农作物上的害虫，对农业也有一定的益处。

为什么鸵鸟不会飞？

鸵鸟虽然长着翅膀，但是它却不会飞，这是为什么呢？其实，这与它的体型有很大的关系呢！

雄性鸵鸟的身高能达到2.75米，体重达75千克。这么笨重、庞大的身躯想要在空中飞翔，其困难程度可想而知。而且鸵鸟的翅膀退化得很严重，羽枝不能连成羽片，羽毛呈现出蓬松状态，再加上尾巴又小又不灵活，根本不适于飞翔。

再从内部构造上看，鸵鸟的骨内没有储存空气的空腔，所以它的骨头远远重于一般飞翔的鸟类的骨头。最重要的是鸵鸟的胸骨扁平，没有龙骨突，因而不具备足以鼓翼飞行的发达胸肌。

所以，鸵鸟这些外部形态与内部构造特征表明它不适于飞翔。

智慧大本营

非洲鸵鸟的奔跑能力十分惊人。它是世界上唯一只有两个脚趾的鸟类，外脚趾较小，内脚趾特别发达。它跳跃可腾空2.5米，一步可跨越8米，甚至可以置狮、豹于死地，可谓是鸟类之王。

生活在沙漠地区的鸵鸟特别能跑，一步能够跨8米，速度能达到70千米/时。你知道鸵鸟为什么能跑那么快吗？

鸵鸟跑得快，跟它的生活方式有很大的关系。除了植物，它还会捕食一些在地上活动的小动物，如鼠类、爬行类动物、昆虫等。长期生活在这样的环境，它自然而然地长出来又长又粗壮的腿，使自己在沙漠中奔跑得游刃有余。退化的双翅在顺风或拐弯时张开，能起到加速的作用，还能控制奔跑方向，调节身体平衡。

鸵鸟只有保持快速的奔跑能力，才能在植物、动物稀少的沙漠地区找到较丰富的食物。

鸵鸟为什么喜欢把头埋进沙子里？

有人说鸵鸟平时胆子小，遇到危险时，就把头钻进沙堆里，自己什么也看不见了，就以为别人也看不见它，以此来躲避危险。其实这是人们的一种误解。那么，鸵鸟将头埋进沙子里的真正原因是什么呢？

鸵鸟把头埋进沙子里不是害怕，有时只是想吃点沙子，以帮助食物在胃中的消化；有时是为了伪装自己，躲避敌人。

原来，鸵鸟生活的沙漠地区，由于冷暖空气交汇，经常会出现薄雾。平时鸵鸟总是伸长脖子透过薄雾去查看周边的情况，一旦发现敌情，它就会把头埋进沙子里，将自己伪装成石头或灌木丛，加上薄雾的掩护，躲避敌害。

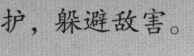

啄木鸟为什么要啄树?

我国常见的啄木鸟有两种，一种羽毛黑白相间，另一种羽毛为绿色。啄木鸟最喜欢做的事情就是啄树，那么它为什么要啄树呢？其实，啄木鸟不停地啄树是为了将隐藏在树中的昆虫或昆虫幼虫啄出来吃掉。啄木鸟的喙又长又直，像一把凿子一样。它就用这把坚硬的"凿子"凿穿树皮、树干，吃掉树中的害虫。

凿之前，啄木鸟通常先用喙敲敲树木，听一听树干会发出什么声音，进而判断树干里面是否有虫子。如果有，它就会啄开树皮，用它那细长的舌头伸进虫眼中。啄木鸟的舌头前端生有短钩，能将虫子钩取出来，然后愉快地吃掉。

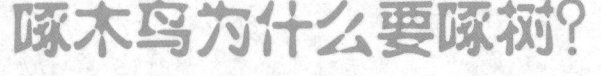

弹簧式舌头绕过后脑壳

小朋友们，你们见过啄木鸟给树"治病"时的样子吗？瞧，它们的脑袋不停地动，那频率快得让人捕捉不到。据说，啄木鸟头部运动的频率远远快于子弹出膛的速度，这种情况下，它竟然没有得脑震荡，这是为什么呢？

这主要得益于啄木鸟独特的脑部结构，它脑组织周围长着一层骨骼，海绵状的骨骼里满满的都是液体，在骨骼之外还长了强壮的肌肉，起到了缓冲和减震的作用。此外，啄木鸟的舌头非常奇特，它从啄木鸟的脑后绕到前面，这也给脑部多加了一层缓冲。

因此，当啄木鸟用喙啄树木的时候，脑组织与外面的骨骼不会发生猛烈碰撞，自然不会得脑震荡了。

啄木鸟为什么不会得脑震荡？

智慧大本营

啄木鸟的尾巴呈楔形，尾巴上的羽毛又硬又有弹性。在攀缘时，尾尖紧贴树干，起着支撑作用；成为支持身体的第三个支点。

丹顶鹤睡觉时为什么要把一只脚收起来？

丹顶鹤的睡觉方式非常特别，总是喜欢把一只脚收起来，用另一只脚站立，支撑着身体。它们这样不会很累吗？

丹顶鹤在睡觉时，并不是始终都用同一只脚站着的，而是每隔一段时间就会换一次脚，轮流休息呢！每当丹顶鹤用一只脚支持身体重量时，另外一只脚就获得了完全放松、休息的机会，这样不仅不累，而且还能节省体力。尤其是在冰冷的水里休息时，用一只脚站立还可以减少体内热量的流失，利于保持体温。

如果丹顶鹤睡觉的时候，敌人来偷袭了，它只要立刻放下收起来的脚，就能立即跑掉。即使是飞走也比趴着睡觉爬起来快多了。

为什么猫头鹰是"夜间猎手"？

猫头鹰总是在夜间活动，所以人们将它称为"夜间猎手"，那你知道这是为什么吗？

原来，猫头鹰眼睛的视网膜里有许多圆柱状感光细胞，感光非常灵敏，在白天强光的照射下反而视力非常弱，看不清东西，因此它白天就在树上栖息，夜间捕食。

到了晚上，猫头鹰敏锐的视觉得到了充分的发挥，它的能见度比人高出100倍以上。一旦确定猎物的方位，就会果断出击。同时，它的听力也非常灵敏，能根据猎物移动时产生的响动，不断调整自己扑向猎物的方向，一击即中。

甲虫为什么多是四脚朝天地死去？

如果细心观察就会发现，很多甲虫死后，大多数是背贴着地，仰面朝天的样子，这是为什么呢？这是因为，甲虫死的时候都会翻转身体，这与地心引力和惯性定律的关系密切。

大多数甲虫的脚分布在身体两侧，以支撑整个身体。虫子快死的时候，神经系统失去作用，六只脚失去控制，会不由自主地抖动、缩起、跌倒、坠落，失去重心而翻身。

翻身后的甲虫，由于精疲力竭，就很难再翻过来了，所以它们死去的时候多是仰面朝天的。

冬天昆虫都上哪儿去了？

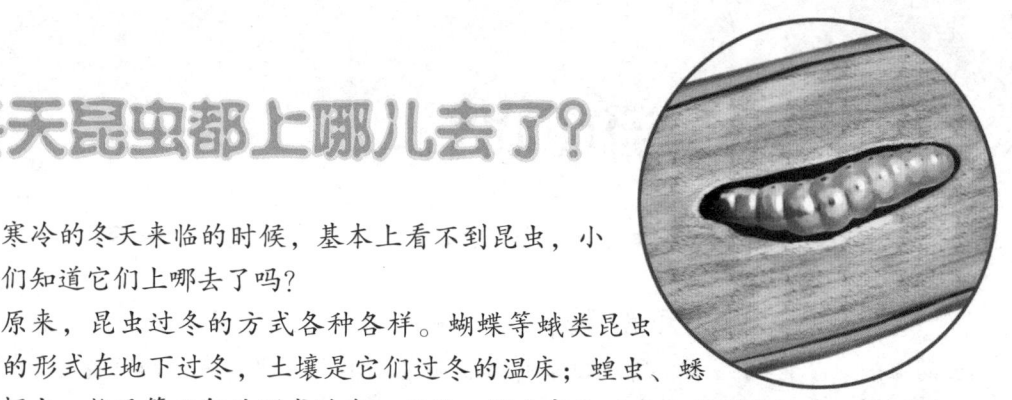

寒冷的冬天来临的时候，基本上看不到昆虫，小朋友们知道它们上哪去了吗？

原来，昆虫过冬的方式各种各样。蝴蝶等蛾类昆虫以茧的形式在地下过冬，土壤是它们过冬的温床；蝗虫、蟋蟀、蚜虫、粉虱等以卵的形式过冬；而蚊、蝇大部分以成虫的形式过冬，冬天临近的时候，它们就会藏到石洞、菜窖、畜舍等阴暗挡风的角落过冬；玉米螟、粟灰螟类大多钻到稻秆或根茎中过冬。

小朋友们，这回你们知道，冬天昆虫都去哪里了吧。

昆虫为什么会蜕皮？

在动物王国，不仅蛇会蜕皮，昆虫也会蜕皮呢！而且，它们蜕皮的目的一样，都是满足自身生长的需要。

原来，昆虫在成长过程中，表皮细胞分泌的外骨骼成分硬化之后，就不会随着身体的变化而变化，这就限制了昆虫的生长。所以，为了保证自己的生长，昆虫必须忍痛蜕皮。

昆虫蜕皮时，表皮细胞会分泌出一种酶，将硬化的外皮溶解，这层硬皮也因为自身的生长，有些许破裂。双重作用之下，昆虫就蜕掉一层皮了。

昆虫在蜕皮的同时，表皮细胞会再次分泌外骨骼成分，昆虫的身体也会不断生长，只有昆虫发育到不再继续生长的时候，蜕皮的行为才会停止。

昆虫会不会流血呢？

人受伤时会流血，昆虫受伤时会不会流血呢？要想知道昆虫会不会流血，先要知道昆虫是否有血？

当我们拍死一只昆虫时，会看到一些液体流出来，其实，里面就夹杂着昆虫的血液。不同的昆虫，所流出来的血液颜色都不同，比较常见的有黄色、橙红色、蓝绿色和绿色等，这是因为它们血液中含有不同的色素物质。另外，昆虫血液的颜色有的还与性别有关，如菜粉蝶的幼虫、蛹和成虫的血液，雌的为绿色，雄的则为黄色或无色。

所以，昆虫也会流血，血液还是五彩斑斓的。小朋友们，这下你们知道了吧！

当我们靠近昆虫时，如果发出声音，它们会迅速地逃走，难道昆虫也长了耳朵？答案是肯定的，昆虫有耳朵，只是它的耳朵不容易被发现而已，而且昆虫的耳朵构造与高等动物的耳朵也不尽相同，是由鼓膜或绒毛构成的。

此外，昆虫耳朵长的位置也很奇特，不像人或动物那样长在头部，而多长在身体的其他部位。例如，蚊子的耳朵长在两根触角上；蟋蟀的耳朵长在一对前腿上；而蛾子的耳朵则长在胸部或是腹部。

不过，昆虫耳朵的位置并不影响它们的听觉，事实上，许多昆虫的听觉能力都很强。

智慧大本营

昆虫的呼吸方式与众不同，它们是利用气门导管来呼吸的！在昆虫的腹部长有许多小开口，称为气门，每个气门都是一个导管的入口，这个导管就像人的气管。

有眼睛长在长柄上的虫子吗？

世界之大，无奇不有，在动物王国，居然还有眼睛长在两根长柄上的虫子呢！比如，突眼蝇。

突眼蝇的眼睛离脑袋很远，长在了长柄的顶端，眼睛可以前后左右、上上下下、四面八方地转动，视野范围非常广。但是，不要高兴得太早，突眼蝇的眼睛是复眼。我们知道组成复眼的小眼数量越多，视力才越好。由于突眼蝇的眼睛长在长柄的顶端，长得很大的机会渺茫，因此，组成复眼的小眼数量非常少，所以它的视力其实不太好。

昆虫没有鼻子可嗅觉为什么却很灵敏?

我们都知道昆虫的嗅觉非常灵敏，但事实上昆虫是没有鼻子的，那它们是靠什么捕捉气味的呢?

原来，昆虫的头部都长有一对触角，触角上布满了形形色色的嗅觉器，它们发挥了鼻子的作用。在显微镜下观察蜜蜂的触角，仅仅一根触角上就有成千上万个这样的嗅觉器。每个嗅觉器内都分布着神经末梢，并且直接与脑神经相连。每次察觉到气味后，嗅觉器会把信息传给大脑，在大脑的指挥下，昆虫会朝着有气味的方向飞去。另外，在昆虫的下唇须和下颚须上也长有嗅觉器，也能闻到远方的气味。

原来，嗅觉器才是昆虫具有"嗅觉"能力的真正原因，而不是鼻子，小朋友们，你们记住了吗?

触角上的嗅觉器

怎么辨别装死和真死的昆虫?

我们在捕捉昆虫时,经常能发现有的昆虫会突然跌落在地,好像死了一般;有的昆虫刚抓住的时候还活蹦乱跳的,一旦到家之后,就蔫蔫的,好像已经死了。昆虫真的死了吗?当然不是,其实它是在装死!

昆虫装死是它遇到外部危险时保护自己的一种措施,只要你有足够的耐心,一段时间之后,那些已经"死去"的昆虫认为已经安全的时候,就会马上"复活"过来。

要判断装死的昆虫是否已经死亡,最好的办法是用小棒碰一碰它的肌肉,如果它的肌肉是紧绷的,它就是在装死;如果肌肉松弛,它就已经真的死了。

智慧大本营

瓢虫的避敌招术堪称一绝,第一招就是装死。当天敌来犯或是受到外界的刺激时,瓢虫就会神经性休克,全身僵硬,一动不动,就像死了一样。

蚂蚁为什么会为"死者"举行"葬礼"呢?

如果一只蚂蚁死在蚁窝里,那么同窝的几只蚂蚁一定会把它拖出窝外,拖一段路后,把尸体埋起来。那么,蚂蚁为什么会为"死者"举行"葬礼"呢?

小朋友们,在蚂蚁的国度有哪些成员呢?有繁衍下一代的蚁后,有与蚁后交配的雄蚁,有负责劳作的工蚁,还有保卫家园的兵蚁。蚂蚁会分泌出一种气味特殊的激素,作为它们之间往来联络的信号。

蚂蚁死后,尸体会发出一种"尸臭",这会阻碍蚂蚁传递信息。因此,工蚁会把死蚂蚁拖出去,用沙土盖住尸体,隔绝"尸臭"。有趣的是,如果一只活蚂蚁身上沾染了浓厚的"尸臭",其他蚂蚁不管这只活蚂蚁怎样拼命挣扎,都会把它拖出去活埋呢!

蚂蚁为什么能搬动比自己重得多的东西？

小朋友们，你们看见过蚂蚁搬东西吗？别看蚂蚁很小，但它的力气可大得很呢！研究发现，蚂蚁能搬动的东西重量可达自身重量的50多倍。那么，蚂蚁为什么有这么大的力气呢？

蚂蚁的力量这么大得益于它强壮的腿部肌肉。当蚂蚁搬重量较大的物体时，它腿部的肌肉就会主动产生一种酸性物质，这种酸性物质能够引起一系列的反应，使蚂蚁的腿部肌肉瞬间产生巨大的力量。在这股巨大力量的支持下，蚂蚁就能轻而易举地把重物搬走啦！

为什么蚂蚁喜欢列队行进？

地上的蚂蚁活动的时候，总喜欢排着队前进，知道这是为什么吗？

原来，蚂蚁是群居的，晴朗的日子，它们常常爬出蚁巢，到处寻找食物。如果负责侦察的蚂蚁发现了美味，就会冲上前去，试着拖回蚁窝，一旦拖不动，就会奔回蚁巢，喊同伴共同搬运。这时蚂蚁就会排列成长长的队伍，从蚁巢一直延伸到发现食物的地方，齐心协力拖拉食物回去，非常壮观。此外，蚂蚁在搬东西时，也都是列队行进的，这样一来，不仅不会迷路，也不会相互走散啦！

智慧大本营 ↑

蚂蚁是杰出的"建筑专家"。它们把巢穴分成许多小洞穴，不同工种的蚂蚁住在不同的洞穴中，而且它们还把洞穴分成储食穴、育婴穴等，并且各个洞穴之间都相通。

蚂蚁 会不会 迷路呢?

科学家在研究蚂蚁时发现，蚂蚁的认路能力特别强，不但陆地上的景致被用来认路，甚至连天空中的景致也能被它们用来认路。

蚂蚁有着非常敏锐的视觉，路上所见过的物体，它们都会深深地记在脑海当中，用来辨别回巢的方向。

此外，蚂蚁还可以通过气味记录所走过的路线，在行进时，它们会留下一路的气味，在返回的途中，凭借这种气味，它们就不会走错路啦！而且，即使气味被破坏了，它们也会利用天然气味来辨别方向，不会迷路，只是花费的时间比较长而已。

我先回去了。

好吧。

蚂蚁掉了脑袋为什么还能"存活"？

在动物世界，意外不可避免，无论是大型动物还是小型昆虫，无一例外。当蚂蚁因为意外，脑袋掉了，大家想想，会出现什么情况呢？

一般情况下，蚂蚁掉了脑袋之后，并不会立即死亡，甚至还能存活一段时间，这是为什么呢？

原来，脊椎动物都是以脊椎为核心形成一套中枢神经系统的，而蚂蚁则不同，它没有这套神经系统，只是长有神经节，将身体下面成对的神经链连接起来，形成一个系统。但是，每个神经节又都是单独发挥作用的，不统一，所以会单个控制相应部分的活动。

因此，蚂蚁的行动不用脑子来发号施令，即使掉了脑袋，蚂蚁还能行走，并能够"存活"一段时间。

下雨前，蚂蚁为什么要搬家？

当天空布满乌云、快要下雨时，我们总能看到蚂蚁大队伍，它们扛着食物，这是干吗去？原来是在搬家呢！可是，下雨前，蚂蚁为什么会搬家呢？

这是因为蚂蚁是一种很挑剔的小动物，对蚁巢湿度的要求特别高，它们十分讨厌潮湿的生活环境。另外，如果下雨的话，蚂蚁的家就会被雨水冲坏，所以蚂蚁必须在下雨前将家搬到安全处，以免被雨水冲毁。

除此之外，如果一个蚁群的数量上升到一定数量，直接导致在家附近寻找食物十分吃力，或是家的附近出现危险情况，足以能将蚂蚁的家毁掉的话，蚂蚁也会选择搬家去寻找安全之所。

为什么蚂蚁能当"医生"？

蚂蚁不仅是公认的"大力士"，而且还是很好的"医生"呢！

在非洲一些地区，人们在缺乏医用资源时，会把蚂蚁当成"缝合线"。人们在受伤后，会先在伤口处消毒，之后将蚂蚁放在伤口上让它们咬住伤口的两侧，就像用订书钉把两张纸钉在一起。然后人们再去掉蚂蚁的身体，一个简单的缝合过程就完成了。接触过蚂蚁的伤口很快就会愈合，这是因为蚂蚁分泌的物质有抗菌的作用呢！不过这只能在特定的条件下才可以操作。蚂蚁身上可能携带病菌，小朋友们不可以尝试哦。

此外，还有人用蚂蚁来诊断一个人是否得了糖尿病。人们将蚂蚁放在病人的尿液旁，如果蚂蚁爬向尿液，就证明此人患有糖尿病，因为蚂蚁最喜爱甜味，只有糖尿病病人的尿液里才会有甜味。

看来，小小的蚂蚁还真有很大的用途呢！

智慧大本营 ♠

你知道吗？为了防止太阳暴晒对蚁卵可能造成的伤害，蚁群一般都会选择在阴天或是夜里搬家。

为什么缝叶蚁能缝树叶？

缝！缝！缝！

老兄，现在缝住咱们就设法带走啦！

在热带地区，生活着一种本领高超的蚂蚁——缝叶蚁，它们能缝树叶呢！缝叶蚁的食物来源主要是树上的小昆虫，它们受到惊扰时，非常具有攻击性。

缝叶蚁的出奇之处在于它独特的建巢方式，建巢的时候，它们将植物的叶子并拢，然后用蚁丝将两片叶子缝在一起。蚁丝的黏性很好，只有缝叶蚁的幼虫体内才有。在做巢的过程中，负责缝叶的工蚁会叼住幼虫，挤压它的肚子，直到将蚁丝挤出来。

这样一来，每只工蚁都叼着一只能挤出蚁丝的幼虫来回穿梭在叶子之间，并在叶子上留下一条条黏黏的丝线，将树叶缝在一起。

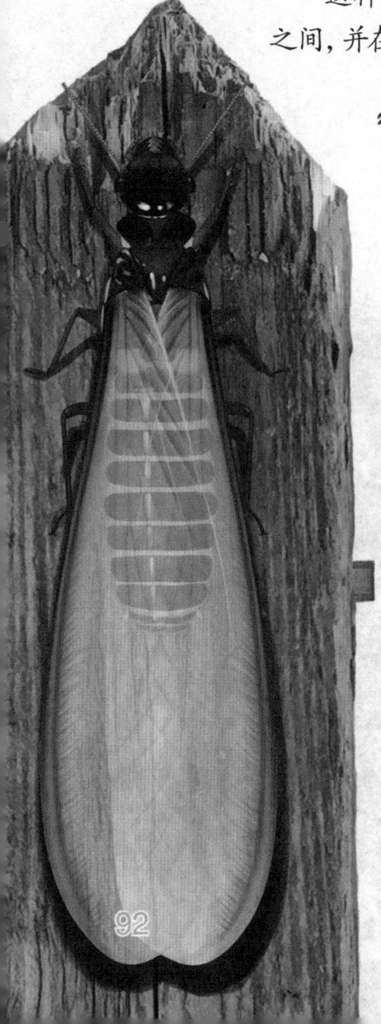

白蚁是白色的蚂蚁吗？

白蚁是一群厉害的家伙，它们的破坏力十足，不用多长时间，就能把大树给蛀空。很多人辨别蚂蚁时，会把白色的蚂蚁当做白蚁，这对不对呢？当然不对。

白蚁和蚂蚁虽然通称为"蚁"，但事实上，它们是截然不同的。比较有趣的是，科学家把白蚁和蟑螂划为一宗，而蚂蚁则和蜜蜂一宗。另外，白蚁和蚂蚁的外形、习性也是不同的呢！

尽管白蚁和蚂蚁都有前后翅，但白蚁的前翅和后翅大小相差无几，而蚂蚁的后翅要比前翅小得多；白蚁活动时遵循一条固定路线，而蚂蚁则是随心所欲，想去哪里去哪里；白蚁从来不储备粮食，都是随吃随找，而蚂蚁会储存粮食，等等。

所以，白蚁根本不是白色的蚂蚁，它与蚂蚁有着很大的不同。小朋友们，你们明白了吗？

蜜蚁的肚子
为什么通常都特别大？

　　蜜蚁不是一种动物，而是若干种不同的蚁科昆虫的统称。它们绝大部分时间都在地下生活。雨季来临的时候，工蚁就会将花蜜带回巢穴，蜜蚁则把花蜜吃下，同时也会吃一种蜜露（由一种以树汁为食的昆虫制造的）。

　　每当蜜蚁饱餐之后，它们的肚子就会变得又圆又鼓，像一个储蜜罐。这个大罐子中，装满了花蜜和蜜露。

　　其实，蜜蚁的"储蜜罐"是它的一个消化器官，是前肠的一部分，每当吃饱之后，就能迅速膨胀成一个大圆球。遇到干旱，蜜蚁就会无私地排出食物，帮助蚁群渡过难关。

　　原来，蜜蚁的肚子就是它们的储藏室，所以它们的肚子都很大。小朋友们，你们知道了吗？

一般的昆虫都喜欢向着光亮的地方飞，苍蝇也是如此，它们非常喜欢往亮处飞，尤其是苍蝇钻进房间吃饱喝足之后，总是企图从亮处逃离现场，为此还经常闹出笑话呢！因为它们常常视明亮的玻璃窗为逃跑的出口，就会一头冲过去，撞得晕头转向的。

夜晚的时候，苍蝇往往会绕着顶灯飞，其原因就是它们喜欢光亮，不喜欢黑暗。

另外，经研究发现，顶灯对于苍蝇来说，非常重要，它们不仅把顶灯当成了进攻竞争对手的高地，而且还把顶灯作为自己寻求配偶的领地。

雌苍蝇经常会到顶灯上来栖息，而在顶灯周边飞舞的雄苍蝇就会前来搭讪、追求。久而久之，雄性苍蝇就会费尽心机地占领顶灯周围的有利地形，并将其他的竞争者赶出领地。

爱吃脏东西的苍蝇会不会感染疾病呢？

说到苍蝇，我们会不自觉地想到，哪儿脏哪儿就有它们的身影。苍蝇爱住在脏的地方，它们吃的东西也很脏。那么，苍蝇会不会生病呢？

事实上，苍蝇并不会因此而生病，它们的消化系统很独特。它们从进食到消化食物再到吸收养分，甚至到将废物排出体外，这个过程耗时非常短，只需几秒钟就完成了。即使细菌进入苍蝇的体内，还没来得及繁殖，就已经被苍蝇排出体外了。

此外，苍蝇的消化液也是无比强大的。消化液中含有一种抗菌活性蛋白，能杀掉体内所有病原细菌，而且只需要这种消化液浓度的万分之一即可。因此，哪怕是繁殖能力很快的细菌，也对苍蝇无计可施。

智慧大本营

如果苍蝇落到人的食物或经常能触摸到的东西上，就会把它脚上的细菌传染给人，使人得伤寒、痢疾、急性胃肠炎等疾病。所以我们要保护环境卫生，积极消灭苍蝇。

苍蝇是怎么过冬的?

令人生厌的苍蝇在夏天到处乱飞，传播疾病。可是一到冬天，它们就像凭空消失了一样，一点踪影都找不到了。原来，天气一冷，苍蝇就会感觉到冷，一旦气温降到零下，苍蝇很可能会被冻死。所以，它们必须想办法过冬。

南北方的苍蝇过冬的方式是不同的，在北方苍蝇大多数以蛹的形式过冬，少数以成虫的形式过冬；而在南方，苍蝇大多数以蛹和幼虫的形式过冬，也有的以成虫的形式过冬。

蛹是由苍蝇幼虫变的，有着坚硬的外壳，能起到保温作用。苍蝇一般将蛹置放在粪便、垃圾堆等地方的地下，因为那里温度比较高，不会将蛹冻坏；天气一旦暖和，蛹就会发育成苍蝇，钻出地表，继续追腐逐臭，传播病菌。

北方的苍蝇不以幼虫形式过冬，是因为幼虫的皮非常薄，难以抵御严寒。而以成虫的形式过冬，它能够选择一些背风向阳的地方，相对比较温暖，容易度过漫长的冬季。

香蕉状的卵

蛹

幼虫

小朋友们，你们知道苍蝇为什么能停在天花板上不会掉下来吗？

这是因为苍蝇的腿部结构特别。苍蝇的六条腿上分别长着两个小脚爪和毛爪垫。当苍蝇飞累了，停在天花板上的时候，苍蝇腿上的小脚爪和毛爪垫就起到了吸盘的作用，将苍蝇的身体牢牢地黏在天花板上。

而且苍蝇的脚上还有秘密武器呢！它的腿上布满绒毛，可别小看这些绒毛，它能分泌出一种非常特殊的液体。经研究发现，这种液体的主要成分是中性脂质物，具有一定的黏附力。因此，苍蝇腿上的绒毛能够帮助它稳稳地"站"在天花板上而不掉下来。

正是因为苍蝇有了这些秘密"武器"，才能在光滑的天花板上行走自如。

苍蝇为什么要搓脚？

如果留心观察，我们会看见，停下的苍蝇会时不时地搓脚，这是为什么呢？

原来，苍蝇是爱干净的，它无时无刻不在保持脚的清洁，搓脚就是为了清除脚上沾着的食物等东西。苍蝇在进食时，总是一边吃，一边排泄，这样它就在无形之中，把肚里活着的病菌、虫卵排到干净的食物上了。苍蝇的腿上有许多绒毛，所以它的脚上就会沾上很多食物残渣等东西。

如果苍蝇不及时搓脚保持清洁的话，脚上的东西就会越积越多，这不仅影响它的飞行和爬行，甚至还会影响它脚上的味觉器官，导致味觉失灵呢！

智慧大本营 ◆

在炎热的夏天，人们最讨厌的除了蚊子，就是苍蝇了，它们四处乱飞，非常多！这与苍蝇的繁殖能力有关。你知道吗，一只苍蝇只需要交配1次，便可终身产卵，一只雌蝇每隔45天产卵1次，每次产卵100~150粒，一生可产卵5~6次。这样超级强的繁殖力，苍蝇不多才怪呢！

为什么蚊子叮咬也认人呢？

科学家经研究发现，蚊子叮咬人不是随随便便的，有这样几种人特别受蚊子的"青睐"。

穿深蓝色、咖啡色、黑色等深色衣服的人。因为反射的光线比较暗淡，与蚊子的生活习性很一致，蚊子自然就会找上门啦！而穿着浅色衣服的人就少有这种烦恼，因为浅色反射的光线较强，一定程度上能够驱避蚊子。

不讲究卫生的人。蚊子的嗅觉和触觉非常灵敏，对周围环境的温度、湿度、汗液都很敏感，它们会循着爱出汗、不爱洗澡的人散发出来的气味飞去，美美饱餐一顿。

少年儿童。这是因为他们的皮肤比较娇嫩，新陈代谢也比较快，皮肤上的毛孔挥发汗液比较快，很容易招蚊子的叮咬。

蚕吃绿色的桑叶为什么吐出白色的丝？

蚕宝宝是个吐丝高手，它一点也不弱于蜘蛛。不过，蚕吃进去的是绿色桑叶，吐出来的却是白色的丝，这是为什么呢？

蚕从孵化到结茧要吃掉叶子的重量约为0.03千克。实际上，它并不挑食，但最喜欢吃的是桑叶，此外，它还吃蒲公英叶、柳叶、无花果叶、榆叶、生菜叶等。蚕爱吃桑叶可是有原因的，与其他叶子相比，鲜桑叶中除了含有大量的水分外，还含丰富的蛋白质、糖类、脂肪、矿物质、纤维素和脂肪酸。

蚕吃下桑叶以后，将桑叶中的蛋白质、糖类和矿物质等营养吸收殆尽，随后将其合成丝素、丝胶等蛋白质，这样一来，蚕吐出来的丝就变成白色啦！很神奇吧！

蚊子吸血时，先刺破人的皮肤，再插入口器。而且为了不让血液凝固，它们会将自己的唾液注入人体的血液中，这样就可以轻易地将人体的血液吸进肚子里啦！但你知道吗？并不是所有的蚊子都吸血，像雄蚊子就不吸血，这是为什么呢？

原来，雌雄蚊子的食性相差万里，雄蚊以植物的花蜜和果子、茎、叶里的液汁为食。雌蚊偶尔也会尝尝鲜儿，吸食一些植物的液汁。但是，一旦交配以后，雌蚊子就必须吸血不可。这是因为雌蚊子只有吸血后，才能使卵巢发育完全。因此，为了下一代，雌蚊子就充当了"吸血鬼"的角色。

所有的蚊子都吸血吗？

牛虻是苍蝇变的吗?

在田野中，我们经常看到牛用尾巴抽打着身体，其实它们是在抽打身上的吸血鬼——牛虻。很多人都以为牛虻就是苍蝇变的，事实真的如此吗?

从外形看，牛虻的身体是长椭圆形的，身上有灰色、黑色、黄褐色等。再来看看它的胸部和腹部，上面都有花纹呢!牛虻跟苍蝇很像，但牛虻可不是苍蝇变的哟!牛虻头大，呈半球形或略带三角形，长着大大的复眼，触角长短不一，多向前伸出，口器适于穿刺和吸收。

牛虻和苍蝇的最大区别在于，牛虻吸血，而苍蝇只是扰人。此外，牛虻与苍蝇的活动时间也不同，牛虻一般在白天活动，以午时为活动高峰，而苍蝇基本上24小时都在活动。

智慧大本营 ↑

牛虻在吸血时会传播人畜传染病，且被叮咬之处皮肤疼痛、出血，引起皮肤疾病。如果人被叮咬应及时涂抹清凉止痒的药物，及时就医。

牛虻会吸人类的血吗?

牛虻是肉食性动物，更残忍的是，它喜欢吸血。雌虻能够将牛马等厚皮动物的皮刺穿，然后吸血。雌虻每次吸血的时间长达数分钟，能吸满一肚子呢!

所以，很多动物，甚至包括人类在内都会被牛虻叮刺。牛虻叮人时，人会感觉到非常痛，而且还会出血，很快就会产生红斑丘疹和风团，又痒又痛，十分痛苦。如果我们不小心被牛虻叮咬后，应该进行应急处理，可以涂抹清凉止痒剂、皮质激素制剂等。

我们通过电视、报纸得知，蝎子是通过往猎物身体里注入毒素捕获猎物的，那我们不禁要问，是不是所有的蝎子都有毒呢？

蝎子都有毒吗？

在蝎子大家族中，红色的蝎子几乎无毒，黑色的蝎子含有轻微的毒素，而居住在沙漠地区的黄色和白色蝎子则含有剧毒。

大多数蝎子的毒素足以杀死昆虫，但对人无致命的危险，只会引起灼烧样的剧烈疼痛。而含有剧毒的蝎子的毒液毒性剧烈，不仅使人产生剧痛、麻木的感觉，甚至还能破坏人的神经系统，导致人因心力衰竭而死亡。

不过，蝎子并不是一种令人恐惧不已的攻击性动物，它们只有在受到挑衅的时候，才会对人发动攻击。只要不被它们尾部的毒针刺中，人就不会受到伤害。

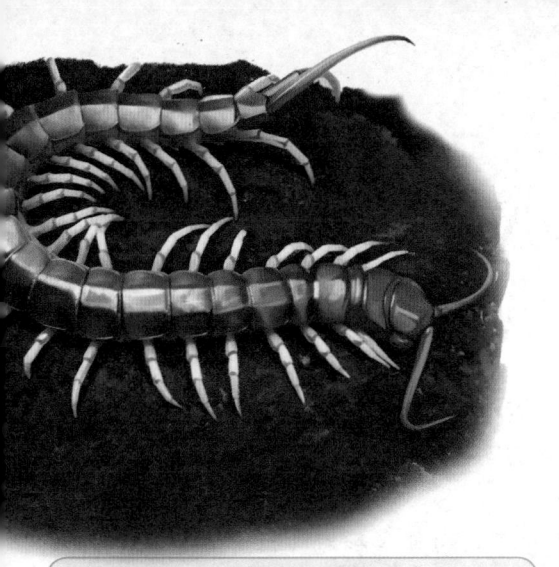

蜈蚣真的
有100条腿吗?

蜈蚣有"百足之虫"的称号,也就是说,它拥有100条以上的腿。这听起来不可思议,但事实上的确如此。

有一些蜈蚣确实步足很多,最多的竟然有173对步足呢!尽管步足的数量众多,但腿都非常短,并且非常细。到目前为止,世界上共发现3000多种蜈蚣,步足的数目也是参差不齐的,从15对到173对都有。

智慧大本营 ↑

蜈蚣与蛇、蝎、壁虎、蟾蜍并称"五毒",并位居五毒首位。被蜈蚣咬伤后应立即用肥皂水清洗伤口,局部应用冷水湿敷伤口,也可用鱼腥草、蒲公英捣烂外敷。有全身症状者应速到医院治疗。

为什么蜜蜂蜇人以后就会死去?

蜜蜂是一个"剑客"。每当它生气时,便用尾部的针狠狠地刺向人或动物的身体,那感觉真是十分疼痛。当然,一般蜜蜂还是很温顺的,如果你不去惹它,它就不会蜇你,要知道,蜇了人的蜜蜂会很快死去。小朋友们,你们知道为什么吗?

具体地说,蜜蜂的针是长在腹部的,针上有倒钩,扎进皮肤后,很难被拔出。另外,针也连着蜜蜂的内脏,蜜蜂因为慌乱强行拔掉毒针,它的一部分内脏就会一起被拔出来,这样一来,蜜蜂当然就活不成了。

千万别蜇我啊!

101

蜜蜂的翅膀那么小，为什么却能飞起来？

日常生活中，我们常常能看到嗡嗡飞的蜜蜂。如果从蜜蜂的翅膀和体重比例上来看，从空气动力学的角度根本无法解释它们飞行的原因。在科学家的不懈努力之下，终于解开了蜜蜂复杂的飞行之谜。

原来，蜜蜂之所以能浮在空中得益于它振动的频率和翅膀的角度。蜜蜂翅膀的振动频率能够达到每秒230次，而且它的小翅膀能用以小于90度角的角度扇动。

为了了解蜜蜂如何在飞行的时候带动起沉重的身体，科学家又进行了一系列的实验，最终证明蜜蜂在面临艰苦的飞行条件时，是通过更大幅度地扇动翅膀，并维持高频率振动的方式飞行的。

蜜蜂是怎么采蜜的？

繁花盛开的时节，是蜜蜂们最欢喜雀跃的时候。这时，一些负责侦察工作的蜜蜂就飞出蜂箱，在花丛中上下飞舞，寻找蜜源。当侦察蜂找到了蜜源，它不会立即采蜜，而是吸上一点花蜜和花粉飞回蜂箱，报告消息。

得到消息的蜜蜂们就会集体出动，前往蜜源。蜜蜂在采蜜的时候，会飞落到花盘上，严格按照顺序采集，即从外向内一层一层地采。蜜蜂们不慌不忙地在花朵上吸取花蜜，一朵花采完后，接着飞向另一朵继续采蜜。

勤劳的工蜂身上都有一个蜜囊，每个蜜囊可以盛20～40毫克的花蜜。为了装满蜜囊，工蜂一次要采集几十朵花的花蜜，有时候甚至是百朵花的花蜜才行呢！

智慧大本营 ◆

冬天的时候，聪明的小蜜蜂想出了特殊的办法抵御严寒。它们在蜂巢内互相靠拢，结成球形团在一起，温度越低它们靠拢得越紧，使蜂团的表面积缩小，密度增加，防止降温过多。

蜜蜂为什么要跳舞？

蜜蜂没有听觉器官，同伴之间相互交流主要靠蜜蜂的特殊动作来传递信息，科学家把蜜蜂这些有含义的动作称为"蜂舞"。

当蜜蜂中的"侦察兵"找到蜜源后，不会立即采集花蜜，而是快速返回大本营，回来之后侦察蜜蜂就会当着同伴跳起舞蹈，以动作来表示蜜源的方向和距离。

据研究，蜂舞一般分为圆圈舞和"8"字舞两种。如果蜜源离大本营的距离不太远，蜜蜂就会跳起圆圈舞；如果蜜源离大本营的距离比较远，蜜蜂就会跳起"8"字舞。这样，同伴就会明白啦！另外，蜜蜂跳舞时，它的头朝上，那么蜜源则向着太阳的方向；如果头朝下，那么蜜源则在背着太阳的地方。

通过"侦察兵"的蜂舞，蜜蜂们就知道了蜜源的方向和距离，接着就会成群结队地向着蜜源出发，去采集花蜜。

为什么蜜蜂飞行时会发出"嗡嗡"声？

我们在花丛中玩耍的时候，经常能听见在花间飞舞的小蜜蜂发出的"嗡嗡"声；蝴蝶也是在花间上下翻飞的，却听不到一点声响。这是为什么呢，难道蜜蜂是一边飞一边叫吗？

其实蜜蜂并不会叫，它之所以发出"嗡嗡"声，是因为它不断扇动的翅膀与空气之间产生的振动，而振动的频率正好是人们能听到的频率。

我们人类耳朵能听到的声波频率为20~20000赫兹（声波频率单位），任何低于或高于这个频率的声音，我们便无法听到。蜜蜂飞行时，发出的声波为250赫兹，与我们能听到的声波频率相符，所以蜜蜂飞过时，我们能听到"嗡嗡"的声音。

智慧大本营 ↟

正是由于各种昆虫飞行速度的快慢不一，翅膀扇动次数多少的不同，所以它们的飞行姿态看起来也大相径庭。

103

为什么有的蜜蜂不蜇人呢?

在蜜蜂的王国,也有不同的分类,如工蜂、蜂王、雄蜂等,我们经常能见到的,大多是能干的工蜂。尽管它们的生理构造与雌性相同,但遗憾的是发育并不完全,久而久之产卵器都演变成了刺针。

蜂王和雄蜂一般很少外出飞行,所以我们很少见到。随着秋季的临近,百花凋零,蜜源逐渐减少,为了整个蜂群及幼蜂的生存,不再需要与蜂王交配的雄蜂就会被赶出巢去。于是雄蜂就会到处乱飞,即使碰到人也不会蜇他们,这是因为雄蜂根本没有刺针。

一群蜜蜂里为什么只有一个蜂王?

别看蜜蜂小小的,但它们是个非常有秩序的群体,在大家庭内部,分工非常明确,井然有序。

一般一群蜜蜂中只有一个蜂王,而且还是个"女王"呢!只有它才能产卵、生产后代,并维持群体生活。蜂王是由受精卵发育而成的,从出生到幼虫化蛹之前都吃蜂王浆。蜂王浆中的营养物质丰富,可以使蜂王的雌性生殖器官发育成熟,进而拥有繁殖能力。工蜂虽然也是雌性的,但它们在幼虫时期只有最初几天以蜂王浆为食,之后都以蜂蜜为食,生殖器官发育不完全。雄蜂是由未受精卵发育而成的,在蜂群中有几百只到上千只不等,它们的任务就是与蜂王交配,繁殖后代。蜂王产卵后,它们就成了蜂群不受欢迎的人,被赶出蜂巢。

当蜂群中蜂王开始老化,工蜂就会着手培育新的蜂王,它们会通过给新生幼虫持续喂蜂王浆的方式,保证新蜂王的正常发育。之后老蜂王会独自离巢,等待死亡,新蜂王开始统领蜂群。

工蜂　　　　雄蜂　　　　蜂王

蜂房为什么要造成六角形？

许多昆虫都会为自己建造"房子"，而蜜蜂就是其中最出色的"建筑师"。

蜜蜂的蜂巢由无数个正六边形的巢室组成，而且每个巢室大小一样，每个巢室紧密地连在一起，形成一个巨大的蜂巢。蜂巢的巢室里有卵、幼虫，还有它们储存的食物。

据科学家研究，蜜蜂会将蜂巢建成六边形，其实有多种好处。既可以最有效地节省材料，又能够合理利用空间，最大限度地增加空间的容积，而且还可以使蜂巢更加稳固。如果巢室的边数多于六边，就会浪费空间；边数少于六边，建成四边或三边，虽然达到了不浪费空间的目的，但出现了另一个问题，就是浪费材料，所以六边形是最好的选择。

小朋友们，蜜蜂是不是非常聪明呢？

马蜂窝当真捅不得吗？

马蜂又叫黄蜂或胡蜂，它蜇人比蜜蜂厉害得多，人被蜇了之后，不仅会出现过敏反应和中毒现象，严重时甚至可以直接导致死亡。

马蜂窝是马蜂的聚集地，也是它们的家，好斗的它们讨厌有人去打扰，一旦发现骚扰者，它们会立刻冲上去展开攻击，用尖尖的毒针乱刺一通。而且，它们还有一个特点，就是对威胁者紧追不放，勇猛攻击。所以，马蜂窝绝对不允许被侵犯。如果我们不小心捅了马蜂的蜂巢，所有的马蜂就会倾巢而出，群起而攻之，死死咬着不放。

马蜂蜇人的同时会将一种气体留在入侵者的身体，其他的马蜂就会寻着这种气味前来报复，轮番对入侵者进行攻击。

因为马蜂的毒针中含有蚁酸和神经素这两种物质，能直接导致人体灼热、红肿，甚至局部痉挛，所以，小朋友们，马蜂窝当真捅不得。

蟋蟀为什么那么好斗呢？

小朋友们，你们玩过斗蟋蟀吗？把两只雄蟋蟀放在一起，不一会，它们就打了起来，那么，这是什么原因呢？

其实，雌蟋蟀并不好斗，只有雄性蟋蟀才喜欢"打架"。这是因为雄蟋蟀的领地意识非常强，加上天生好斗的习性，导致了雄蟋蟀根本不能容忍其他雄性接近它的领地。

如果两只雄蟋蟀相遇，必然会一决高下；但如果一雄一雌的蟋蟀相遇了，它们就会柔情蜜意，互表仰慕之情呢！

蝗虫为什么喜欢成群结队？

小朋友们，你们了解蝗虫吗？许多年前发生过一场特大蝗灾，咱们的粮食都被蝗虫吃光了。走到被蝗虫啃食的田里，一大群蝗虫受惊后，猛地飞起，顿时，天空乌压压一片。问题来了，为什么蝗虫都是成群结队的呢？

这和它们的产卵习性有很大关系。雌蝗虫是个非常尽职而严格的妈妈，对产卵场所的要求比较苛刻。符合蝗虫妈妈要求的地方不多，经常会出现很多蝗虫妈妈看

上一个产卵地点的情况，好在它们不好斗，于是就在一起产卵了。因为蝗虫的卵集中产在一个区域，所以基本上会同步孵化，使蝗虫从幼虫开始就形成了互相靠拢、互相跟随的生活习性。

另外，蝗虫很怕冷，群居可以彼此传递热量，维持体温。同时，蝗虫一同飞起时，不容易受到鸟类等敌人的攻击。所以，我们看到的蝗虫队伍都特别壮观，总是成群结队的。

蚂蚱为什么能用肚子呼吸？

你知道吗，蚂蚱能用肚子呼吸呢！原来，蚂蚱的呼吸器官很特别，它是利用气门呼吸的。气门长在蚂蚱的腹部，相当于人类的鼻孔。气门连接着气管，分布于全身。这些气管交错相连，并产生很多分支，最微细的分支气管与身体上的各细胞发生联系，进行呼吸作用。

蚂蚱吸气时，前四对气门就会张开，同时后六对气门就会关闭，将氧气吸入胸腹部；呼气时，前四对气门就会关闭，后六对气门就会张开，将气体排出体外。这就是蚂蚱通过胸腹部的气门一张一闭进行呼吸的过程啦！

螳螂太太为什么会吃掉螳螂先生？

秋季是螳螂繁殖的季节，当两只螳螂交配后，雌螳螂会用自己强大的前足将它"丈夫"的头钳住，然后张开口将它吃掉，这简直太不可思议了。

原来，雌螳螂不是无缘无故吃掉雄螳螂的，它是为了刺激雄螳螂射精，并确保精液能够持续地流入雌螳螂的体内，便于自己繁衍后代。因为雄螳螂的头部有神经系统抑制中心，一旦没了脑袋，抑制就会消失，它的精液就会不断地流入雌螳螂的体内。所以雌螳螂一边与雄螳螂交配，一边从雄螳螂的头部开始吃起，直到将雄螳螂的整个身体吃掉。

雌螳螂吃雄螳螂的原因除了刺激它射精，还有一个原因，就是弥补自身捕食营养不足的缺憾。所以，为了产出饱满的卵，保证后代的健康，螳螂太太就会吃掉螳螂先生以从它那里获取营养。

屎壳郎为什么要滚粪球？

屎壳郎学名叫作"蜣螂"，在夏秋之季，人们经常可以在草地上看到屎壳郎滚粪球，它笨拙地把粪球滚得越来越大，它为什么要这么做呢？

其实，屎壳郎滚粪球可不是它的乐趣，而是为了给自己的孩子储存食物，同时也是为给"孩子们"找一个温暖的家。

屎壳郎找到人或动物的粪便后，便会用腿将粪便滚成一个粪球，当粪球滚到适当大小时，屎壳郎便把它推到偏僻安静的地方，然后用头和足把粪球下面的土挖开，使粪球下陷，再把四周的土翻松。

做完这一切之后，它就在粪球上产卵，产完卵后，再用一些土把粪球盖起来，直到粪球与周围的地面齐平。这样的话，既不容易被敌人发现，孵出的幼虫又可以吃着粪球长大。

智慧大本营

屎壳郎除了能飞之外，还能直立站起来呢，这些都是它适应生存的结果。

蟑螂到底是不是害虫?

你可能不知道,蟑螂是地球上最古老的昆虫之一,曾经与恐龙生活在同一时代,由此可见它的生命力是何等顽强!

蟑螂白天总是隐蔽在阴暗的地方。一到晚上,就会出没在不够清洁干净、常有油污的地方,如厨房。蟑螂是地地道道的害虫。

我们平日的剩菜剩饭,都是蟑螂的美食。另外,蟑螂还吃痰、粪便等脏东西。可恨的蟑螂不仅偷吃东西,它还在吃过或爬过的东西上,留下"蟑螂臭",甚至还在食物上呕吐和排泄,将它体内的伤寒、痢疾、霍乱等传染病菌带给人类。

另外,如果蟑螂爬过书籍,这本书就遭殃啦!不仅书页上有难闻的气味,而且纸张也遭到了极大的破坏。更令人生气的是,蟑螂还会爬进衣柜,损毁衣物、皮毛制品呢!

蟑螂为什么很难捉住?

蟑螂是极其讨人厌的昆虫,犹如过街老鼠,人人喊打。可这些讨厌的蟑螂非常难捉,只要灯光一亮,它们便立即逃得无影无踪,这是为什么呢?

蟑螂能迅速逃离,得益于它十分灵敏的触角,它的触角对光的敏感度非常高,能够感觉到哪怕一丝丝的光线。另外,它的腿关节上的小刺和尾部末端的尾须也有高超的本领,相当于非常灵敏的感应器,即使极轻微的动静,它们也能觉察得到,从而迅速跑掉。

晚上了,该出动啦!

七星瓢虫是不是益虫？

七星瓢虫被人们称为"活农药"，因为它们在田间能大肆捕食麦蚜、棉蚜、槐蚜、桃蚜等害虫，使树木、瓜果及各种农作物少遭受害虫的损害。甚至它的幼虫也以多种蚜虫、木虱等为食。所以，七星瓢虫是益虫这一点毫无疑问。

七星瓢虫能吃多少害虫与气温和害虫的密度关系紧密。以捕食蚜虫为例，在蚜虫密度较低时，七星瓢虫的捕食量随蚜虫密度的上升而上升；而在蚜虫的密度较高时，七星瓢虫的捕食量就会接近极限水平，很难提升。气温高的条件下，对七星瓢虫和蚜虫的活动能力有很大影响，这时七星瓢虫的捕食率就会提高。

智慧大本营

小朋友们知道吗？七星瓢虫的平均寿命只有80天左右，但它的一生却能捕食上万只蚜虫呢！

蚯蚓在断成两截后为什么

不会死掉呢？

雨后的泥土上，我们常常能看到蚯蚓在蠕动。你知道吗？蚯蚓有一种神奇的本领，就是它断成两截后，不仅能活下来，甚至还能再生呢！

原来，蚯蚓是一种环节动物，它的身体分成了许许多多的体节。在它的身体里，有着特殊的再生器官。当它遇到不幸被截成两段的时候，这个器官就会开始工作，加速细胞分裂，长出新的身体。但如果不幸，断裂面正好伤害到再生器官的话，蚯蚓就不能再生了。

而且，如果蚯蚓被切成两段时，蚯蚓的心脏没有遭到损毁的话，它就不会死掉，能继续存活。

111

蚯蚓没有眼睛
又是如何分辨事物的呢？

蚯蚓没有眼睛，这是因为它常年生活在黑暗的地下，眼睛的功能已经退化了。而且眼睛对蚯蚓来说，不仅没有帮助，甚至还是一个累赘。那么，蚯蚓没有眼睛又是如何分辨事物的呢？

原来，虽然蚯蚓没有眼睛，但它的感光器官很发达。当蚯蚓在地下打洞时，体表的小细毛就发挥着眼睛的作用，它们能对周围和震动情况了如指掌。所以，蚯蚓在活动时，都是依靠身体上的感光器官来判断外界环境的。

除了腹面外，蚯蚓的各部分大量分布着感受光的器官，嘴巴周围和身体的前端分布较多，后端相对分布较少，这些器官能够辨别光的强弱，以及分辨周边的事物。

蚂蟥是一种很令人讨厌的小东西，不过它却能为人治病。

蚂蟥干燥之后，全身都能入药，它体内含有丰富的水蛭素和蛋白质。水蛭素的功效巨大，是迄今为止人们所知范围内最强力的抗凝血物质，它能起到抗凝血、溶解血栓和降低血脂的作用。临床试验证明，水蛭素对动脉壁的痉挛能起到很好的缓解作用，也能降低血液的黏度，减轻高血压的症状，还能扩张血管，增加血液循环量，促进手术后的伤口愈合呢！

看，小小的蚂蟥还有这么大的贡献呢！

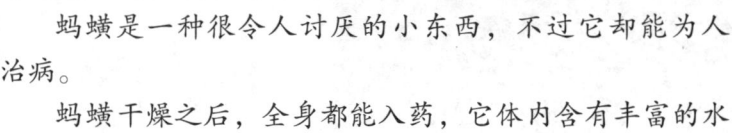

吸血的蚂蟥为什么能为人治病？

你吸着我干吗？

我不会让你乱动的！

蚂蟥是如何吸血的？

蚂蟥又名"蛭"，是一种吸血环节动物。蚂蟥有三种，分别为旱蚂蟥、水蚂蟥、寄生蚂蟥。

旱蚂蟥一般将巢穴安在溪边杂草丛中，尤其喜欢腐败的枯木或烂叶堆积的地方，或者潮湿隐蔽处。它们平时总是潜伏着，一旦有机会，就采用偷袭的办法吸食人畜的血。而水蚂蟥更喜欢守株待兔的方式，一旦人畜下水，就快速地附在人畜的身体上，饱餐一顿后满意而去。寄生蚂蟥则很少遇到。

那么，蚂蟥是怎么吸血的呢？原来蚂蟥的头部长着吸盘，轻轻地附在人畜的皮肤上，不容易被感觉到。因此蚂蟥叮咬人或动物时，总是先用吸盘吸住皮肤，然后猛地钻进皮肉中吸血。小朋友们，蚂蟥的吸血量非常大，相当于其体重的2~10倍，绝对是个吸血鬼！

蜻蜓的翅膀那么薄，为什么不容易折断呢？

蜻蜓是"飞行之王"，飞行速度极快。但在高空中，震颤是很强烈的，它那薄得透明的翅膀却丝毫不受影响，也不会折断，这是为什么呢？

蜻蜓的身体形状像一架小飞机，飞行速度非常惊人。但高速的飞行对它看似柔弱的翅膀却毫无破坏力，这其中的秘密就在于蜻蜓翅膀的前缘上方，长着一块"翼眼"。可别小瞧这小小的东西，就是它能使蜻蜓的翅膀加重，消除高速飞行所带来的震颤。

这就是蜻蜓在高速飞行中，虽然翅膀薄却不容易折断的原因。

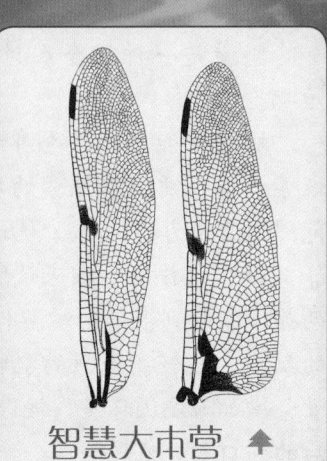

智慧大本营

受到蜻蜓"翼眼"的启发，科学家在飞机机翼的前缘末端，焊上一块加重装置，从而消除高速飞行给飞机机翼带来的震颤，避免了机翼折断的危险。

为什么说蜻蜓是飞行之王？

蜻蜓是昆虫世界公认的杰出飞行者，并得到了"飞行之王"的美誉。蜻蜓与蜜蜂一样，都有两对翅膀，但是飞行起来，蜜蜂就比蜻蜓逊色得多。

让我来告诉你其中的奥秘吧！与蜜蜂飞行时四片翅膀一齐振动不同，蜻蜓翅膀是成对扇动的，而且振动的幅度大，消耗的体力小。这样一来，尽管蜻蜓在飞行时扇动翅膀的次数少，但速度却快得多。例如，蜜蜂扇动翅膀的频率大约是每秒250次，飞行距离能达到2.5～6米；而蜻蜓扇动翅膀的频率大约是每秒十几次，却能够飞行10～20米。

蜻蜓的飞行速度可达每小时50千米，它不仅爆发力强，持续力也很强，能持续飞行几个小时，甚至还能完成各种高难度的飞行动作。

所以说，蜻蜓是当之无愧的"飞行之王"。

蜻蜓的眼睛为什么特别大？

蜻蜓是世界上眼睛最多的昆虫。它的眼睛又大又鼓，占据着头的绝大部分，看上去像飞行员戴的飞行眼镜。

蜻蜓的眼睛是复眼，由成千上万个六边形的小眼睛紧密排列结合而成。每只小眼睛有屈光系统和感觉细胞，都能看得见东西哦。拥有这么庞大的眼睛数量，蜻蜓的视力自然非常好，而且还能随心所欲地向上、向下、向前、向后看，根本不用转头。

眼睛局部

蜻蜓的视力有多好呢？我们比较一下就知道啦！人的眼睛看清一个突然出现的物体，需要耗时0.05秒，而蜻蜓要看清飞舞的小虫，只需要0.01秒。此外，蜻蜓的复眼还具有测速能力，当物体在复眼前移动时，复眼内的"小眼"就工作起来了，很快就能确定目标物体的运动速度。这个本领使得蜻蜓成为昆虫界的捕猎高手。

智慧大本营 ▲

蜻蜓是典型的不完全变态昆虫，一生要经历卵、稚虫及成虫三个阶段。雌虫大多在交尾后就立即产卵，产卵时有些雄虫会抓着雌虫的腹部，帮助"妻子"产下宝宝，有的则是守护在雌虫旁边。

为什么蜻蜓喜欢点水？

如果我们在河边散步，就经常会发现，蜻蜓在空中飞舞一段时间之后，它的尾巴总去点一下水，这是为什么呢？

其实啊，它们是在排卵。小朋友们知道吗？蜻蜓有个难言的苦衷，它们的卵必须在水中孵化。于是，蜻蜓在点水时，会把卵迅速地排在水中。蜻蜓的受精卵在水中孵化，幼虫就在水中生存，幼虫叫水虿（chài），还没有长翅膀，以水中的蚊子幼虫等为食。幼虫在水中生活一段时间后，就会爬出水面，摇身一变，就变成了美丽的蜻蜓。

蜻蜓点水时，还有个有趣的现象。雄蜻蜓非常担心雌蜻蜓失足落水，于是就在雌蜻蜓的前上方飞舞，拖着雌蜻蜓在水面产卵。

在树下乘凉的时候，我们经常能看到蜻蜓在那里啃咬自己的尾巴，蜻蜓为什么要啃自己的尾巴呢？

原来，不是所有蜻蜓都啃尾巴的，只有雄蜻蜓才会啃自己的尾巴。到了繁殖季节，雄蜻蜓就会进行交尾前的准备工作，就是将体内的精子转移到交尾器中去。之所以这么做，是因为雄蜻蜓的交尾器生在腹部第二、三节上，而生殖孔却在第九节上，所以必须通过啃咬，将精子移到准备交尾的位置上。

雄蜻蜓繁殖前的准备工作，在我们看来就是在啃咬自己的尾巴。

蜻蜓为什么要啃自己的尾巴？

蝴蝶是怎么诞生的?

在昆虫世界，蝴蝶的美丽不言而喻，它们种类繁多、形态各异，长久以来得到了人们的赞美和喜爱。可是，蝴蝶的美丽不是天生的，而是经过了一个漫长而痛苦的蜕变过程。换句话说，蝴蝶的美是有代价的。

蝴蝶的卵经过孵化，变成了一条条丑陋的毛毛虫。这些毛毛虫要经过一个冬天的休养，它们身体表面才会逐渐变硬，慢慢形成了一个个蛹。还要经过1年的时间，直到第2年的三四月份，蛹才开始破裂，成虫不断挣扎，从裂开的蛹壳里往外爬。只有经过这一系列的等待和痛苦的破茧而出，美丽的蝴蝶才能诞生。

成虫

卵

蝴蝶蜕变过程

羽化

幼虫

茧

蛹

智慧大本营 ⬆

有一种88蛱蝶。它们的翅膀上表面呈淡棕色。世界上有近40种蝴蝶与88蛱蝶有亲缘关系，多数生活在南美洲的热带雨林中。

蝴蝶身上为什么会有"粉"?

我们用手捉蝴蝶时，手上会沾到许多"粉"，在太阳光下亮晶晶的。有人以为是花粉，其实不对，它是蝴蝶翅膀上的鳞粉！蝴蝶翅膀上为什么长有鳞粉呢？

原来，蝴蝶翅膀上的鳞粉是蝴蝶体毛的变形，如果在显微镜下观察，鳞粉的形状是鳞片状的，并且千姿百态，有扇形的，有箭形的；有透明的，有半透明的，而且每一片鳞片上都含有多种色素颗粒。

实际上，对于蝴蝶来说鳞粉的作用可大呢！鳞粉能帮助蝴蝶飞行，甚至还能起到防雨作用，就像给翅膀穿上了一件雨衣。此外，鳞粉还有一个重要的作用，就是调节入射光线，进而调节温度。

为什么蝴蝶是五颜六色的？

蝴蝶的双翅绚烂多彩，图案丰富，更神奇的是，这些都是左右对称的。其实，蝴蝶的翅膀之所以如此美丽，完全是因为鳞粉。鳞粉呈片状，十分细小，每一片上都含有多种色素颗粒。由于鳞片的排列顺序不同，所以蝴蝶的翅膀就会呈现出不同的花纹和色彩。

翅膀上漂亮的图案和色彩对蝴蝶有重要作用，可以蒙蔽、恐吓敌人，从而保护自己免受伤害。

为什么蝉会撒尿喷人？

酷夏的晚上，蝉在树上"知了知了"地叫个不停，让人心神不宁。这时，如果有人去攻击它的话，是很不明智的，因为你会被一股好像污水的液体给喷射到。难道蝉会撒尿喷人吗？

当然不会，蝉喷射的不是尿，而是被它排掉的汁液。小朋友们，蝉的主要食物是树汁，它有个习惯，喜欢把树汁储存在身体中的一个小袋子内。瞧，它们在吸取营养的同时，还会排出余下的汁液。

蝉的翅膀与身体相比，显得很小，加上它本来飞得就慢，如果在飞行时再背上沉甸甸的袋子，费力程度可想而知。所以，遇到危险时，为了能飞得更快，蝉会毫不犹豫地排出袋子里的树汁。于是，咱们就看到蝉"屁滚尿流"的情形了！

蝉的幼虫为什么在地下生活？

尽管蝉喜欢在树上鸣叫，也在树上完成产卵，不过当卵孵化为幼虫后，幼虫就会钻入土壤中生活，这是为什么呢？

其实，这是由于蝉的幼虫期十分漫长，它们需要找一个安全的地方慢慢发育长大。而钻到地下，既可以躲过许多敌害，又能避免在寒冷的冬天被冻死，同时在温暖的季节幼虫还可以来到浅土层活动，或者吸食树根里的汁液，使身体长得更大更强壮。

瞧，在土壤里生活有这么多好处，蝉的幼虫何乐而不为呢？

为什么说蝉的寿命很长？

每到夏天，树上总有许多蝉发出嘹亮的叫声，可是夏天一过，这些叫声就立刻消失得无影无踪，许多蝉也纷纷死去。所以在很多人眼里，蝉只能活一个夏天。其实，蝉的寿命非常长，只不过它生命中的大部分时间都是在地下度过的。

夏天时，蝉会在树枝上产卵。一般要等到第二年夏天，这些卵才会孵化为幼虫。这时，幼虫借助风的力量，飘落到地面，它们四处寻找松软的土壤，然后一头钻进去。

这些幼虫在土壤中安顿下来，靠吸食植物根茎的汁液为生。它们一般需要两三年，甚至十几年，在完成四次蜕皮之后，才会从地下钻出来，脱去最后一次皮，摇身一变，成为引吭高歌的蝉！

在北美洲有一种蝉，需要在地下生活17年才会变为蝉。所以说，蝉的寿命很长，只不过变为成虫后往往只能活一个夏天。

智慧大本营

雌蝉不能发声，所以它是"哑巴蝉"。会鸣的蝉都是雄蝉，它的发音器就在腹基部，雄蝉鸣声特别响亮，并且能轮流利用各种不同的声调激昂高歌。

人们对飞蛾"扑火"一直不能理解，这个谜一直存在。经过科学家的长期观察和实验，终于揭开了飞蛾"扑火"之谜。

科学家发现飞蛾在夜间飞行时，是依靠月光来判定方向的。也就是说，飞蛾在飞行时，不断调整角度，总是让月光从一个方向投射到自己的眼睛里。如果遇到天敌的追逐，或者障碍物的阻挡，它们摆脱之后，仍然会调整角度，让月光仍然从原先的方向射来，靠着这个来寻找方向。

换句话说，飞蛾飞行必须要保持自己的方向与光源形成一定角度，在调整自己角度的同时，它的飞行轨迹也会逐渐靠近光源，就好像蚊香的形状一样，总是绕着光源飞，并且不断地缩小半径。

因此，即便前面是火，在飞蛾的眼中就如同月光，它们也会扑过去呢！

为什么警察会把小白蛾看成反毒功臣？

秘鲁有一种叫作"马伦比埃"的小白蛾，它被警方看成是反毒的大功臣。这是为什么呢？

原来，小白蛾是以古柯的叶子为食，而毒品可卡因就是从古柯的叶子中提取出来、精炼而成的。

多年前，一位秘鲁的反毒官员意外地发现小白蛾的幼虫干的一件大事，就是它在短短几个月的时间内，就毁掉了近30万亩古柯的叶子。这一发现让他惊喜不已，如果能够将小白蛾送到可能种植古柯的地方，岂不是直接从源头上掐断了毒品的来源！

这位官员的想法得到了实现，反毒组织人工养殖了大量的小白蛾，然后用飞机把它们运往可能种植古柯的地带。这样，成千上万的幼虫就会疯狂地吃古柯的叶子，这可让可卡因的生产者挠头不已。

121

怎样区分蛾与蝶?

飞蛾和蝴蝶外形非常相像,怎样才能将二者区分开呢?

实际上,飞蛾与蝴蝶虽然像,但它们的身体构造和生活习性有着非常大的区别。

飞蛾是夜行性昆虫,而蝴蝶大多数是在白天活动的;飞蛾的体形非常丰满,而且体表多毛,而蝴蝶的身材纤细,体表为鳞粉;飞蛾蛹的外表是被茧紧紧包裹着的,或是埋藏在地下化蛹的,而蝴蝶的蛹是直接裸露于空气的;飞蛾的触角形状多种多样,而蝴蝶的触角都是棒槌状的。

另外,蝴蝶有巨大的复眼,能看到各个方向,而飞蛾却不具备这个特征。

智慧大本营 ♠

飞蛾颜色和有斑点的图案可以与自然界中的树叶或者树干等物体混为一体,这可以使飞蛾避免被鸟类和爬行动物所捕食。

叩头虫为什么会叩头?

当我们把叩头虫捉在手里的时候,可怜的叩头虫就会弯下前胸、垂下头部,然后又将头部扬起,挺胸抬头,同时身体里发出"咔咔"的声音,如此循环反复,就好像在不停地叩头求饶一样。只要你一直抓着它,它便会一直"叩头",样子滑稽极了,让人忍俊不禁。难道叩头虫真的会叩头求饶吗?

其实,它的这个动作是一个翻身逃脱的预备动作。叩头虫前胸腹板和中胸腹板之间,是非常灵活的一个结构。当它的胸肌收缩时,前胸就会重重地撞击在地面上,身体能借助地面的反弹力起跳。但是,我们捉住了它,它无法跳起来,所以反复之下,就很像在给人叩头了。

美丽的萤火虫到底是益虫还是害虫？

美丽的萤火虫总是在夜间出没，并发出闪闪的光芒。知道吗？萤火虫的卵、幼虫和蛹也能发光呢！萤火虫发光就是为了吸引异性。

萤火虫的幼虫和成虫的主要食物来源就是钉螺和蜗牛等。钉螺体内的血吸虫能使人患上可怕的血吸虫病，我国和日本都曾经利用萤火虫来控制这种疾病，效果显著。在斯里兰卡，当地人还曾经利用萤火虫来对付祸害农作物的蜗牛呢！

所以说美丽的萤火虫是益虫，是人类的好帮手。

萤火虫是如何发光的?

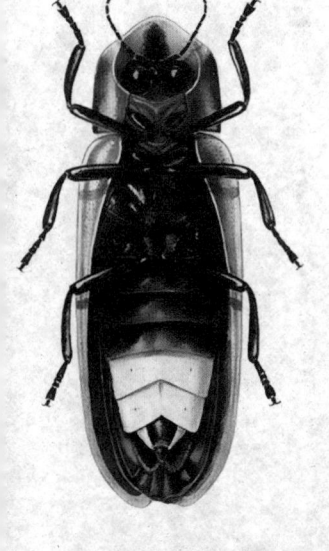

萤火虫之所以能发光,是由于它们体内有一个特殊的"发光器"。

萤火虫的发光器官长在尾部,分为两层,即发光层和反射层,由特殊的细胞组成。发光层由含有荧光素的蛋白质发光物质组成,呈黄白色。随着萤火虫的一呼一吸,荧光素与氧气发生化学反应,产生了荧光素酶,就会发出光来。之所以一闪一闪,就是萤火虫在一呼一吸。

萤火虫发出一闪一闪的光,用以招引异性前来交配。此外,萤火虫也能通过发光来传递信息,如果遇到敌人,萤火虫发出的光能提醒同伴注意,起到紧急警报的作用。

竹节虫为什么长得像竹节?

竹节虫长得十分像竹子,并随着环境变化而发生变化,这都是为了保护自己不受敌害侵袭。

它的整个身子像一根竹竿,身体上还有像竹节似的分节,三对细长的足就像是竹子的分叉,远远看上去,竹节虫的身体就像是一节竹枝。而且它的颜色与竹子的颜色相近,所以当它们栖息在树枝上时,如果一动不动就像一根枯枝。

更为神奇的是,竹节虫的身体颜色还会随着周围环境的变化而改变,有时是绿色的,有时是褐色的,有时还会是黄色的。另外,竹节虫还会根据气温变化来改变自身颜色的明暗。当气温下降时,竹节虫的体色会变暗;当气温升高时,它的颜色又会变亮。

通过这些手段,竹节虫使自己与周围环境的颜色保持一致,从而免受敌害侵袭。

智慧大本营 ↑

竹节虫喜欢在夜间活动,白天它们只是静静地待着。竹节虫是植食性的昆虫,可以危害植物,尤其在大洋洲有几种竹节虫大量食害尤加利树叶。

被毛毛虫蜇了后为什么会又痒又疼？

形象丑陋的毛毛虫是蝴蝶或蛾的幼虫，如果不小心被它蜇上一下，就会又痒又疼，你知道这是为什么吗？

原来，毛毛虫身上长有毒毛。如果把毛毛虫的毒毛放在显微镜下观察，你就能够清晰地看到毒毛像针一样尖锐，样子也跟注射针相似，中间是空心的。毒毛的底部连着毒腺，毒腺能源源不断地给毒毛供给毒液。

如果不小心接触到毛毛虫的毒毛时，尖锐的毒毛就会刺入皮肤，毛尖也会折断，这样毒毛内的毒液就会流入人的皮肤内。由于毛毛虫的毒液毒性强，因此被蜇的人很快就会感到又痒又痛。

被毛毛虫的毒毛刺中后，不要慌乱，立即用肥皂或清凉油涂伤口，就可以减轻一些痛痒。

埋葬虫为什么要埋尸体？

在野外，我们很少看到动物尸体，这全都是"野外清洁工"埋葬虫的功劳。

埋葬虫又叫葬甲、锤甲虫，它是一种标准的腐食性昆虫，成虫或幼虫都以动物的死尸为食，甚至连野外的垃圾堆中，也能发现前来觅食的埋葬虫身影。

埋葬虫的嗅觉器官非常灵敏，通常在很远的地方就能闻到动物尸体的气味，然后它们就会成群结队地飞奔过去，将动物尸体下的土刨开，将动物尸体埋入地下。

其实，埋葬虫掩埋尸体都是为了自己的后代，原来将动物尸体埋好后，埋葬虫就会在尸体上产下大量的卵。也就是说，动物尸体是埋葬虫为幼虫准备的"大餐"！

霸王龙为什么都很短命？

在我们的认知中，史前最大的食肉类动物就是霸王龙了，它的身高可达6米，体长可达15米，是个绝对的巨无霸。它有着非常锋利而向内弯曲的牙齿，咬力强劲，它的嘴巴被称为"终极碎骨器"，让很多猎物极为恐惧。可是，就是这么强大的动物，平均寿命只有十几岁，这是为什么呢？

科学家们根据发现的化石推测很多雄性霸王龙在青春期就死掉了。原来，霸王龙几乎没有什么天敌，都是死在同类的手中。到了发情期，雄性霸王龙为了获得雌性霸王龙的青睐，彼此之间大打出手，毫不留情，伤亡惨重。

智慧大本营

对付肉食性恐龙的攻击，草食性恐龙有着特殊的办法，那就是它们的"装备"，它们往往拥有坚韧的皮甲、骨棒或骨钉，或者是有力的尾巴。甚至，它们还会集体防御反击。

最古老的恐龙是哪种恐龙？

小朋友知道吗？哪种恐龙是最古老的恐龙呢？现在就来告诉你们，始盗龙是目前所发现的最古老的恐龙。

始盗龙的个头在恐龙家族可是非常小的，跟狗的个头差不多，后肢非常粗壮，前肢则比较短小，它是两腿半直立行走的哦！

始盗龙是肉食性恐龙，饥饿的时候也吃植物。始盗龙的爪子非常尖利，身体轻盈矫健，能进行急速猎杀。因此，始盗龙不仅猎食小型爬行动物，甚至还会向哺乳类动物发起攻击呢！

翼龙生活在恐龙时代，但它不是恐龙，是恐龙家族的近亲，作为爬行动物，它居然有翅膀，而且能飞行。

尽管翼龙有翅膀，但却不同于鸟类的翅膀。一般来说，鸟类的翅膀随着身体逐渐变大，而变得相对更轻；翼龙则完全相反，随着翼龙身体越来越大，翅膀会变得更加宽大，飞行肌肉也变得更强壮。

不断变得强壮的翅膀能确保翼龙持续飞行。通过最新研究，科学家认为翼龙最长可在空中持续飞行16093.44千米。看，翼龙很厉害吧！

翼龙能持续飞多久？

恐龙真的吃石头吗？

在研究恐龙的过程中，古生物学家发现了很多被磨得光溜溜的石头，这些石头多出现在恐龙化石骨架的胃部，或者是埋藏恐龙化石的岩层中。古生物学家将其称为"胃石"，认为是恐龙生前吃进去的。难道恐龙真的吃石头吗？

恐龙分为两种，一种是肉食性恐龙，另一种是植食性恐龙。无论哪种恐龙，进食时都是囫囵吞下食物，这些食物非常不容易被消化。于是，聪明的恐龙就吃些小碎石，让它随着胃的蠕动，与食物反复搅拌摩擦。这样一来，食物就被磨碎了，石头也变得光溜溜的了。

来块石头吧，刚出锅的！

真不巧，今天牙疼，咬不动啊。

剑龙背上的"三角板"有什么用?

在恐龙家族,剑龙的造型最为奇特,它前肢短,后肢长,整个身体就像拱起的一座"小山"。它的背上长着非常多的骨板,形状像一块块"三角板",分两排从颈到尾倒插在背部。那么,剑龙背上的"三角板"有什么用呢?

最初,科学家们估计这些"三角板"是起到护盖一样的作用的。后来,他们深入研究发现,"三角板"应该不是平铺在剑龙身上,而应该是竖着的,作用是调节温度。

当气温降低时,剑龙身上的"三角板"就会张开,吸收阳光的热量;当气温升高时,这些"三角板"就会合上,利用凉风散热。

窃蛋龙真是小偷吗?

窃蛋龙生存于白垩纪晚期，身长大概在2米，个头跟鸵鸟差不多，长有尖爪和长长的尾巴。

1923年，专家首次发现窃蛋龙的化石，并在它的身旁发现一窝恐龙蛋和一只原角龙的化石。经过讨论，专家认为窃蛋龙是在偷吃原角龙的蛋，于是就将这个偷盗者命名为"窃蛋龙"。窃蛋龙真的是小偷吗?

一直以来，窃蛋龙都背了一个大大的黑锅，直到20世纪90年代，它的"冤屈"才得以昭雪。经研究发现，那窝恐龙蛋其实是窃蛋龙的，当时只是原角龙刚好路过而已。

实际上，窃蛋龙非常爱自己的孩子，根本不是偷蛋者。但是，根据国际动物命名法规，窃蛋龙的名字无法更改，因此，它只能倒霉地继续使用这个名字啦!

蛇为什么总爱吐舌头?

蛇的舌头又细又长，还是分叉的，而且还总是不停地吐舌头，特别是在爬行时，吐舌头的频率更高。这是为什么呢?

原来，蛇的视觉和听觉都很差，它们捕捉食物或判断方向都是靠嗅觉器官来完成的，而蛇的嗅觉器官是长在舌头上的。

蛇的口腔结构很特别，上方长着一个特殊的器官，叫助鼻器，这个器官由许多感觉细胞组成，能够通过嗅觉神经迅速将蛇舌头上的化学物质传达到蛇的大脑，然后做出判断，准确地捕获猎物。

所以，为了捕捉食物和判断方向，蛇会不停地吐舌头。

蛇为什么能吞下比自己粗大的动物?

蛇的嘴看起来并不大，但却能吃下比自己粗大的食物，这是为什么呢?

原来，蛇的嘴巴和其他的动物有很大不同，它的嘴巴完全打开时夹角能达到130°而将食物包裹住。之所以能张大嘴，与它头部的骨骼直接相关。

蛇头部接连到下巴的几块骨头不是固定的，而是可以活动的。这样的话，它的下巴就可以向下张得非常大。同时，蛇嘴巴两边的骨头还能够连接成活动的榫头，能向两侧无限张开。

由于蛇头部有特殊的骨骼构造，因此能够吞食比它嘴巴大很多的食物。

智慧大本营 ◆

尽管蛇的嘴能张得很大，但在吞食猎物前，还是会将猎物进行一番加工，不断挤压猎物，使之变成长条形状，在吞咽时，在钩状牙齿的帮助下，将食物送进喉头。

蛇为什么能快速爬行呢?

蛇没有脚,为什么能很快爬行呢?这是因为蛇有着特殊的运动器官和运动方式。蛇的全身布满了两种鳞片,一种分布在腹部,叫腹鳞;另一种分布在腹鳞的两侧和背面,叫体鳞。

蛇是没有胸骨的,但它的肋骨能前后自由地活动。每当肋皮肌收缩时,就会引起像多米诺骨牌一样的连锁反应——肋骨向前移动,腹鳞翘起,翘起的鳞片发挥了脚一样的功能。这样一来,蛇就能推动着身子前进。

此外,蛇身体左右弯曲的能力非常强,因此能进行波状运动。这时,通过体侧不断对地面施加压力,蛇的身体就被推向前方。在腹鳞和波状运动的共同作用之下,蛇就能快速爬行了。

四脚蛇是蛇吗?

小朋友们,你们听说过四脚蛇吗?虽然它的名字里有"蛇",但它不是蛇,而是一种常见的小蜥蜴。

四脚蛇长得不大,身体长度在10厘米左右,整个身子呈圆柱形,体表覆盖着细密的鳞片,远远看去很像一条小蛇。由于它的腹部长有四只脚,所以被人们称为"四脚蛇"。

与其他蜥蜴不同,四脚蛇不具有攻击性,它的性格很温和。另外,它还有一个特殊的本领,就是它们的尾巴被夹断后还可以再生。每当它们遇到危险时,就是靠着断尾获得逃生机会的。

眼镜蛇听到音乐就起舞吗？

在蛇的王国，眼镜蛇是个响当当的狠角色，由于其毒性很大，所以一般人不敢接近。但是，在印度等南亚地区，舞蛇人却有个特殊本领——用笛声指挥眼镜蛇跳舞。难道眼镜蛇听到音乐真的会翩翩起舞吗？

实际上，眼镜蛇根本听不懂音乐，因为它根本没有听觉。之所以在音乐响起的时候起舞，是因为眼镜蛇感到振动，向周围示威、发脾气而已。

在笛声中，眼镜蛇的身体会左右摇摆，是它为了保持上身能长时间"站立"在空中，根本与笛声无关。

智慧大本营 ↑

在捕猎时，眼镜蛇通常会躲在草丛中，露出尾巴轻轻摇动，使得老鼠或者小鸟误以为蚯蚓在爬动，当它们前去捕食时，眼镜蛇就会趁机偷袭。

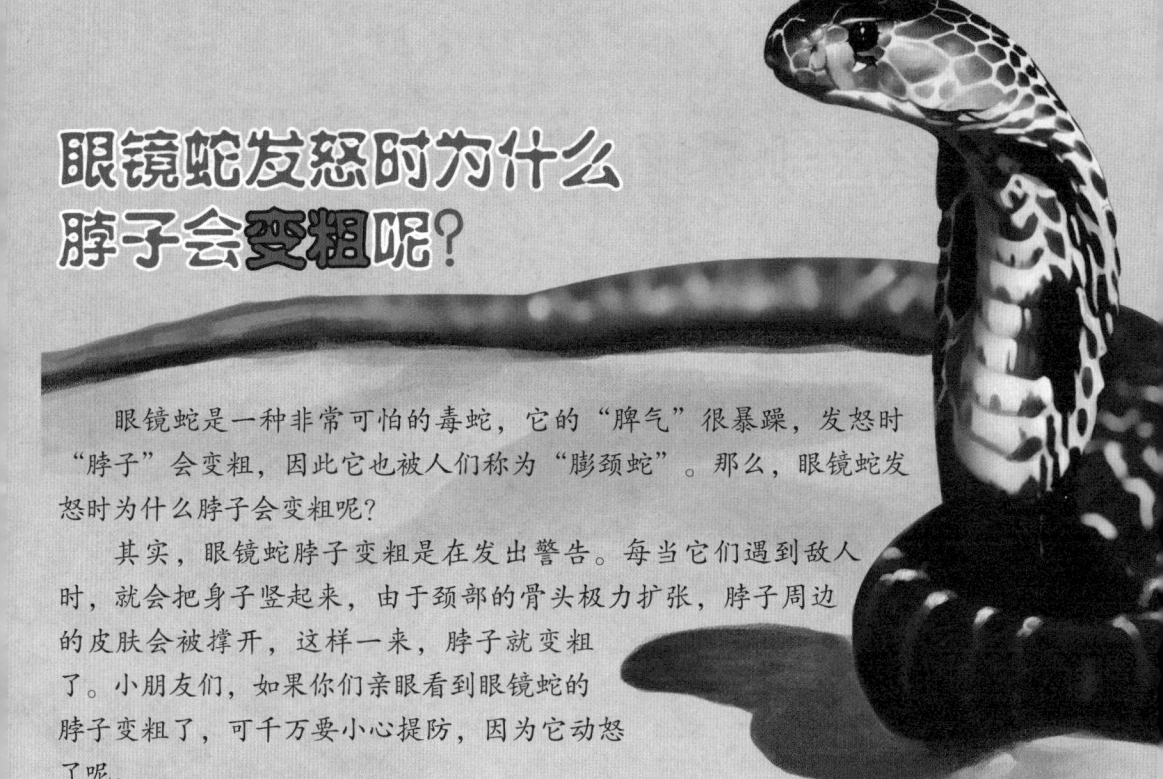

眼镜蛇发怒时为什么脖子会变粗呢？

眼镜蛇是一种非常可怕的毒蛇，它的"脾气"很暴躁，发怒时"脖子"会变粗，因此它也被人们称为"膨颈蛇"。那么，眼镜蛇发怒时为什么脖子会变粗呢？

其实，眼镜蛇脖子变粗是在发出警告。每当它们遇到敌人时，就会把身子竖起来，由于颈部的骨头极力扩张，脖子周边的皮肤会被撑开，这样一来，脖子就变粗了。小朋友们，如果你们亲眼看到眼镜蛇的脖子变粗了，可千万要小心提防，因为它动怒了呢。

响尾蛇为什么会发出"铃铛"声？

在响尾蛇出没的地方，常会听到铃铛般的声音。这种声音是由响尾蛇的尾巴发出的。

响尾蛇的尾巴之所以能发出响声，是因为它特殊的身体构造呢！与其他蛇蜕皮的情况不同，响尾蛇不会蜕掉所有的外皮，而是在尾部留下一些老皮。久而久之，响尾蛇的尾部就形成了一个由老皮组成的空腔。

空腔内的角质隔膜形成了两个环状的空泡，每当响尾蛇剧烈地摇动尾巴时，空泡内就会形成一股气流，随着晃动，气流就会一进一出地来回振动，因而就会发出一阵阵的响声。

怎么区别有毒的蛇和无毒的蛇?

我们知道并不是所有的蛇都是毒蛇,那么,怎么区别有毒的蛇和无毒的蛇呢?

从外形上看,毒蛇的头部多数呈现三角形,而无毒的蛇头部一般呈椭圆形;从颜色上看,通常毒蛇体背的颜色较为鲜明,而无毒的蛇颜色不太鲜明;

从尾巴上看,毒蛇尾部一般粗而短,由肛门向后突然变细,而无毒的蛇尾部一般细而长,由肛门向后慢慢变细;从牙齿上看,毒蛇有毒牙和毒腺,而无毒的蛇没有毒牙和毒腺。

如果有人被毒蛇咬伤,就会有生命危险,应该立即采取相应的紧急措施。

智慧大本营

雨后的清晨或傍晚,不要到有毒蛇活动的区域中去,尤其是洪水过后的几天内,更不要到崇山峻岭当中,因为这些时候是毒蛇游走最频繁的时候。

小朋友们，你们知道蛇为什么要蜕皮吗？

原来，蛇蜕皮是为了满足自身的生长需要。蛇布满全身的鳞片很特别，跟鱼类的鳞片完全不同，蛇的鳞片是它皮肤最外面的一种角质层变化而来的，质地坚韧，不透水。

最主要的是，蛇鳞没办法跟着身体一起长大。无奈之下，蛇每长大一些，就要蜕掉一层皮。

蜕皮后，蛇很快就会再长出一层新鳞，蜕皮的周期一般为两三个月。蜕皮时，蛇会在石洞或树枝上来回扭动身体，借助外力蜕皮。所以，我们经常在石洞或树枝上看到蜕下的蛇皮。

蛇的尾巴该从哪里算起？

有人认为蛇除了头，剩下的就是尾巴，这是正确的吗？

当然不对，和其他的动物一样，蛇的身体也是由多个部分组成，如头、躯干和尾巴。因为蛇从头到尾是一个整体，所以不太容易分辨从哪里开始是尾巴。但有一个办法能够一下子看出哪里是蛇的尾巴，那就是将蛇翻过来，仔细观察它的腹部，你会发现尾部蛇鳞的排列和其他的地方不一样，从肛门至尾尖，蛇鳞是呈双行排列的。

所以说，蛇的尾巴应该从肛门算起才对，小朋友们，这下明白了吗？

蟒蛇是怎样捕捉猎物的?

看过《狂蟒之灾》的小朋友一定对电影中的蟒蛇记忆犹新，它们不仅拥有巨大的身体，而且还凶狠至极。那么，你们知道蟒蛇是如何捕捉猎物的吗?

当蟒蛇的身体卷住猎物后，就会用牙齿咬住猎物。然后用身体紧紧地勒住猎物，猎物越挣扎，蟒蛇缠得越紧，使得猎物没办法移动，最后窒息而死。

蟒蛇的进食方式也很特别，不论猎物有多大，都是直接吞下。如果吞下猎物之后遭到其他动物袭击，它就会立即将吞进肚的食物吐出来，以便作战或者迅速逃跑。

乌龟的寿命为什么都很长？

快来追我呀！

在动物王国里，乌龟是公认的"老寿星"。那么，为什么乌龟的寿命都那么长呢？主要有以下几个原因。

有本事和我比谁活得更长啊！

一是乌龟壳很厚很硬，不仅能够保护各种内脏，而且在遭到攻击时，能将头尾和四肢缩进壳里，免受伤害。此外，还能减少体内水分的流失。

二是乌龟的行动迟缓，新陈代谢的速度非常慢。

三是它特殊的生理机能。乌龟的心脏极为强健，即使将心脏拿出体外，还能持续跳动2天。

智慧大本营 ↑

有人说乌龟能活上千年、上万年，是真的吗？其实不然，乌龟虽然长寿，但它寿命最长的也只是活到300岁左右。

乌龟为什么要把耳朵藏起来？

如果有一点的声音，乌龟就会把头缩进壳里。乌龟这么敏感，但是它的耳朵在哪里呢，为什么要把耳朵藏起来呢？

原来，乌龟的耳朵很特别，跟别的动物不一样。从外表上是看不到乌龟耳朵的，因为它用一层皮将耳朵掩盖起来了，如果不注意是很难发现的。

实际上，乌龟的耳朵长在眼睛的后面，只有用手摸才会感觉得到。乌龟的耳朵后面有一个小小的凹陷，那里有一个小小的洞，这就是乌龟的耳朵啦！

之所以乌龟会把耳朵藏起来，就是为了能够在水里自由地游来游去，不让水流进自己的耳朵中。

绿毛龟真的会长"绿毛"吗？

绿毛龟，古称神龟，它的身上长着长长的"绿毛"，这是怎么回事呢？

其实，大家不要混淆了，这些绿毛不是绿毛龟自己长出来的，细细观察会发现，绿毛其实是一种水生低等植物——丝状绿藻。这种藻类喜欢依附在含有钙质的物体上，只要阳光、温度适宜，就会迅速繁殖。而绿毛龟的龟壳恰好含有钙质，又能在水中、陆地生活，同时，龟又是变温动物，对温度的高低十分敏感，这完全满足丝状绿藻生存的条件。

另外，绿毛龟行动慢、寿命长，久而久之，丝状绿藻就与绿毛龟如影随形啦。

我的毛毛酷吧！
还很暖和哟！

海龟为什么要上岸产卵？

通过一些资料我们知道海龟产卵都要到岸边，为什么它们不在海里直接产卵呢？

这主要有两个原因，一是因为海龟没有鳃，在水里不能呼吸，如果它们在海里产卵，刚孵出的小海龟就会因为不能呼吸而死亡；二是因为海水的温度比较低，达不到孵化小海龟所需要的温度。因此，海龟只能选择上岸产卵。

据专家观察发现，海龟产卵的时间都选在夜里。爬上岸后，海龟就会用前肢挖一个大坑，然后爬到坑中再挖一个卵坑，产卵之后用沙子将大坑铺平。大约2个月，小海龟就出生啦！

变色龙为什么会改变颜色？

变色龙在动物界中堪称自我保护的行家，一夜之间可以变换6种颜色，这是为什么呢？

原来，变色龙在漫长的进化过程中，为了捕捉猎物和避免敌人的侵袭，逐渐练就了使自身颜色与周围自然环境融为一体的伪装本领。

变色龙的表皮中储存着各种颜色的色素细胞，有黄、绿、蓝、紫、黑等多种颜色，因此遇到周围的光线、温度或者湿度发生变化时，它的颜色就会立即发生改变，使自身的颜色与周围环境的颜色保持一致。

智慧大本营 ✦

变色龙的舌头神奇无比，平时不用时蜷缩在口中，当发现猎物时，舌头迅速充血，舌肌收缩，舌头闪电般地喷射出去，粘住猎物，再送回口中饱餐一顿。

蜗牛为什么
要等下雨时才出来?

如果地面潮湿，或者春天和夏天的下雨天，我们经常能看到到处爬行的蜗牛。你知道为什么蜗牛要等下雨时才出来呢?

这是因为蜗牛喜欢生活在阴暗潮湿、疏松多腐殖质的环境当中，不喜欢强烈的阳光。因此，在晴朗的天气里，为了防止水分被太阳晒干，它基本上不出来活动。当下雨时，蜗牛就会非常欢快地出来四处活动啦!

此外，还有一个重要原因，就是蜗牛的生存离不开水分，如果没有水分，蜗牛的存活就会成为问题呢!

智慧大本营 ◆

蜗牛的头部有四个触角，眼睛长在后一对触角上。蜗牛走动时头伸出，受惊时会像乌龟一样缩进甲壳里。

不服？咱可也是冠军。

为什么说蜗牛是牙齿最多的动物？

小朋友们可能不会想到，世界上牙齿最多的动物居然是看似柔弱的蜗牛。

蜗牛是软体动物，是陆地上非常常见的动物。它的长相奇特，有两对触角，还长短不一。其实它最突出的特征不是背着重重的壳啦，它的嘴才是身上最突出的地方呢！

蜗牛的舌头非常特别，因为它的牙齿都密布在舌头之上。蜗牛的角质牙齿细小而又整齐。它的牙堪称世界之最了，因为蜗牛最多有135排牙，而每排又有105颗，所以加起来总共有14175颗牙齿！肯定没有动物能超过它了。

但是，看似无害的蜗牛只吃植物，而且特别喜欢吃农作物的细芽和嫩叶，对农作物危害较大。

蜗牛为什么会留下"足迹"？

雨过天晴之后，在菜叶和树叶上，甚至地砖上，有一条特别明显而又黏稠的白线，这是什么呢？我们顺着这条白线看去，就会发现有蜗牛正在慢悠悠地往前爬行呢！为什么蜗牛爬过的地方会留下"足迹"呢？

这是由蜗牛的身体构造产生的。蜗牛的脚上长着一种腺体，叫"足腺"，在蜗牛爬行的过程中，为了减少蜗牛脚与地面的摩擦，足腺就会分泌一种黏液，来润滑它的脚。

所以说，蜗牛所到之处，都会留下足腺分泌的黏液。当黏液干了之后，就会形成一条闪闪发光的"足迹"啦！

壁虎的尾巴断掉后，
为什么又会长出新的？

壁虎的尾巴很容易断开，但是不用担心，因为它们的尾巴很快就能重新长出来，这只是壁虎在被捉住以后，为了脱身而使出的妙计。

不过，为什么壁虎的尾巴容易断，但又能再长出来呢？

原来，当壁虎被敌人抓住后，它的肌肉就进行剧烈地收缩，一收缩，它的尾巴就断了。而刚断落的尾巴还能不停地摆动，迷惑敌人，壁虎就趁机逃之夭夭啦！

壁虎的尾巴断得容易，长得也快，这是因为它的身体里有一种能够促进尾巴再生的激素，壁虎的尾巴断了之后，这种激素就自然分泌，而当尾巴长出来以后，这种激素就会自然停止分泌了。是不是很神奇呢？

智慧大市营 ◆

壁虎的眼睛很大，但没有活动的眼睑，因此，它们的眼睛总是睁开的，瞳孔形成一个纵的裂缝，只需通过这个裂缝就可以看到外面的世界。

壁虎为什么能在光滑的天花板上自如行走？

夏天，经常能看到壁虎静静地趴在光滑的天花板上吃小飞虫。它为什么可以在光滑的天花板上行走自如而不掉下来呢？

原来，壁虎的脚上长着一个特别的小东西——吸盘，它在爬行时，脚一碰到天花板，吸盘就会牢牢地吸住天花板。所以，壁虎能在光滑的天花板上又快又稳地爬行，全是吸盘的功劳呢！

根据壁虎脚上的吸盘原理，人们发明了很多东西，如吸在墙上的吸盘挂钩、射击的吸盘玩具，等等。

为什么蜘蛛不是昆虫？

在很多人的观念中，把蜘蛛当成一种昆虫，因为它的外表跟昆虫很像，但事实上，它却不是昆虫。

昆虫都有一些共同的特征，如身体分为头、胸、腹三部分；头部长着感觉器官、取食器官、一对触角、单眼或是复眼等；胸部多为运动中心；大多数六只脚，两对翅膀；生长发育过程不是一帆风顺的，大多要经过一系列内部及外部形态的变化，才能转变为成虫。

而蜘蛛却有八只脚，而且它的身体只有头和腹部两部分，因为它的头和胸部连在一起了。此外，蜘蛛也没有翅膀，更没有触角，生长的过程中保持同一种体态，不会发生改变。

种种迹象表明，蜘蛛不具备昆虫的一般特征，因此它不是昆虫。更有趣的是，蜘蛛不仅不是昆虫，而且还是昆虫的天敌呢！

143

雌蜘蛛为什么会吃掉雄蜘蛛？

小朋友们，你们知道吗？雌蜘蛛会吃掉雄蜘蛛呢！

原来，雌蜘蛛在产卵后，持续一个星期左右的时间都不会出去觅食，日夜守护着后代。但是，蜘蛛根本禁不住饿，最多2天必须进食，否则性命难保。但在孵化期的雌蜘蛛，会用自己超强的毅力，去抵御饥饿感。

在雌蜘蛛哺育后代时，雄蜘蛛就负责寻找食物，为雌蜘蛛提供所需的食物和营养。但是，雄蜘蛛找来的食物，根本满足不了雌蜘蛛的需求。加上雌蜘蛛产卵后需要更多的营养，营养需求就更加难以满足了。

如果雄蜘蛛没有办法给雌蜘蛛提供充足的食物的话，它就会用自残的方式，为雌蜘蛛补充营养。它首先将自己的足咬断，给雌蜘蛛吃。失去足的雄蜘蛛生命已经走到了尽头，这时，雌蜘蛛才会把雄蜘蛛吃掉。

老公！
我又饿啦！

我明白了，老婆，照
顾好咱们的孩子……

蜘蛛因它高超的纺织技能而扬名于自然界，不同的蜘蛛由于生活环境与生活习性各不相同，因此，它们所织网的大小、形状，乃至网眼的疏密程度也千差万别。

蜘蛛网是蜘蛛用来捕捉食物的工具，苍蝇、蚊子、甲虫或其他小飞虫在无意间就会被蜘蛛网粘住，而且越是挣扎，就粘得越紧。有的小朋友可能会问了，蜘蛛网能够粘住飞虫，为什么粘不住自己呢？

原来，蜘蛛网上的丝不全是黏的，它在织网的时候已经将哪根蜘蛛丝是黏的，哪根蜘蛛丝不是黏的，牢牢地记在脑海当中了。所以，在网织完之后，它们都只在不黏的丝上行走。不过，即使蜘蛛不小心碰到黏丝也没有关系，因为它的脚上能够分泌一种润滑剂，使它能很快摆脱黏丝，不被粘住哦！

蜘蛛网能粘住飞虫为什么粘不住自己？

蜘蛛为什么会吐丝？

　　蜘蛛是纺织的巧手，它们织网的速度不仅快，而且织出来的网也很好看。但是蜘蛛为什么会吐丝呢？

　　原来，蜘蛛圆滚滚的肚子里存放着大量黏液，而且腹部还长着一个器官，叫作纺器。当黏液通过纺器排出体外时，一旦与空气接触，便会立刻凝结成细细的蛛丝。

　　有人做过实验，将1000根蛛丝合在一起与人的头发丝相比，居然还细上十分之一。由此可见蜘蛛丝的纤细程度。蜘蛛结网之后，就会悠闲地趴在网上，静静地等待猎物上门。所以说，蜘蛛吐丝是生存需要，就是为了捕食。

蜘蛛丝比钢筋还要强韧吗？

蜘蛛是地球上古老的节肢动物之一，它不像其他动物一样四处觅食，而是守株待兔。原来，它织起一张捕食网后，就悠然地躲在一旁，静静地等待苍蝇、蚊子、甲虫或其他小飞虫飞过来，粘在网上。

别看蜘蛛丝非常纤细，但是它的弹性却很大，还极其强韧，能够像橡皮筋一样被拉得很长。那么，蜘蛛丝究竟有多强韧呢？

科学家经过实验得知，同样粗细的钢丝和蜘蛛丝一起接受拉力实验，扯断蜘蛛丝所需的能量竟然比扯断钢丝的能量要大，甚至足足大上100倍呢！

癞蛤蟆身上为什么会长疙瘩？

癞蛤蟆还有一个略微好听点的名字——蟾蜍，它的身上长着难看的疙瘩，让人看了感到无比的恶心。癞蛤蟆的身上为什么会长疙瘩呢？

其实，癞蛤蟆也不想长成这样子，这只是它的一种保护本能而已。当癞蛤蟆趴在地上时，体表的颜色与泥土的颜色非常相似，能够轻松地躲避天敌。

此外，癞蛤蟆身上的疙瘩是它自身的一个"加湿器"，通过疙瘩分泌的黏液，能够让它的皮肤不会干燥缺水。而且，疙瘩中还藏着一种乳白色的液体，这种液体有毒，还是它和敌人斗争时的有效武器呢！

癞蛤蟆对人类有益还是有害？

尽管癞蛤蟆长得不讨人喜欢，但它对人类却有很大的帮助哦！

癞蛤蟆平时在小河、池塘的岸边草丛或石块当中栖息，白天很少活动。清晨或夜间时分，它们就会爬出来捕食。

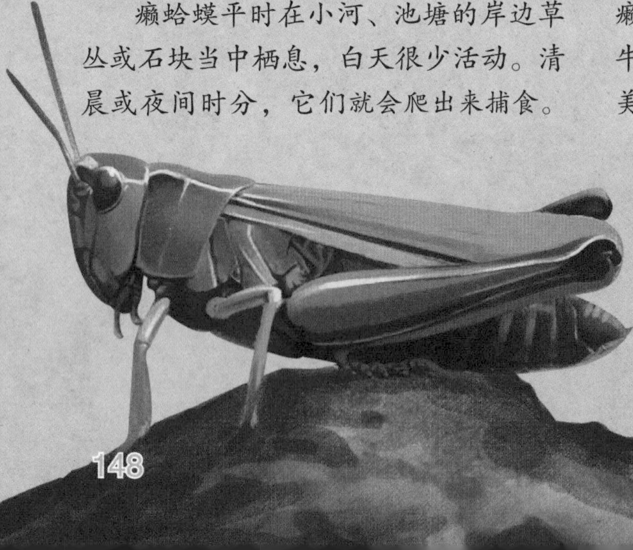

科学家经过观察研究，认为蟾蜍是农作物害虫的天敌，在消灭农作物害虫方面，癞蛤蟆要远远胜过青蛙，像蛞蝓、蜗牛、蚂蚁、蝗虫和蟋蟀等都是它们的美食。

小朋友们，在19世纪，当西印度群岛的热带作物遭到害虫侵袭时，就是癞蛤蟆挺身而出的呢，经过一番艰苦斗争，最后成功地将害虫全部消灭掉了。

青蛙和癞蛤蟆有什么区别？

你知道青蛙和癞蛤蟆的区别吗？青蛙和癞蛤蟆虽然长得很像，但它们在身体构造、生活习性等方面有很大的不同呢！

从外形上看，最大的癞蛤蟆约有25厘米长，显然青蛙的个头不如癞蛤蟆；有些癞蛤蟆的表皮能分泌毒素，青蛙根本不具备这点；青蛙体表十分光滑，而癞蛤蟆的体表布满小疙瘩。

癞蛤蟆

青蛙的卵是成团的，而癞蛤蟆的卵却是成串的；青蛙的幼虫尾巴很长，颜色较浅，嘴长在头部的前面，而癞蛤蟆的幼虫尾巴较短，全身黑色，嘴长在头部的下面。

从生活习性上看，青蛙多生活在水里，喜欢游泳、跳跃，癞蛤蟆多生活在陆地上，喜欢到处爬行。

青蛙

只要碰到箭毒蛙就会死吗？

箭毒蛙的体型很小，色彩斑斓，可以称得上是全世界最美丽的青蛙，同时它也是毒性最强的物种之一。据研究，一只箭毒蛙体内的毒素完全可以杀死2万多只老鼠。

箭毒蛙的毒性这么强，人碰到后，是不是就会死呢？当然不会，其实，箭毒蛙的毒液只能通过人的血液起作用，如果不把手指划破，毒液至多只能引起手指皮疹，而不会让人丧失性命。

蝌蚪长大后尾巴去哪里了？

青蛙将卵产在水里之后，过4~5天，小蝌蚪就出世了。小蝌蚪有一条长长的尾巴，在水里自由自在地游来游去，但是它们长大后，尾巴就消失了，小蝌蚪的尾巴去哪了呢？

我们来看一下小蝌蚪的成长过程，就会知道它的尾巴去哪了。随着时间推移，小蝌蚪慢慢长大，很快就会长出后腿，接着长出前腿，尾巴会逐渐变短，最后完全消失，彻底变成幼蛙的形态。所以，小蝌蚪的尾巴就消失不见啦！

成蛙

幼蛙

四肢进化，
残留着小尾巴

卵

小蝌蚪变青蛙
过程图

长出前腿，
尾巴逐渐变短

小蝌蚪

逐渐长大

长出后腿

下雨天青蛙为什么会不停地叫呢？

阴雨连绵的天气里，青蛙总会呱呱地叫个不停，这是为什么呢？

这是因为下雨天，空气潮湿，青蛙的皮肤中的水分增加，它们感到快活就大声叫起来了。另外，昆虫会在阴雨季节大量繁殖，此时正是青蛙捕捉昆虫的最好时机。所以，阴雨天，青蛙们竞相亮相，快乐地边吃边叫。

阴雨绵绵的春夏之交是青蛙的繁殖季节，雄性青蛙总是"呱呱呱"地叫着，而且声音洪亮，这是雄蛙在呼唤雌蛙繁殖后代呢！

正是以上三点原因，所以青蛙在雨季显得特别活跃，叫声特别响亮。

鳄鱼为什么要吃石头呀？

科学家观察发现，鳄鱼有吞食石块的习惯，那么原因是什么呢？原来，石块是用来帮助鳄鱼消化食物的。当鳄鱼吞食猎物之后，就会吃些石头。因为鳄鱼的胃非常柔软，如果没有石块，它连水蜗牛脆弱的壳都不能弄碎呢！

除此之外，石块还能起到"镇仓物"的作用。胃中没有石块的幼鳄鱼，潜水能力远远不如胃里有石块的鳄鱼。鳄鱼吞食的石块有利于鳄鱼潜伏水底以及在水底活动，避免了被湍急水流冲走的后果。

智慧大本营

鳄鱼的牙齿是它的"武器"，保持牙齿的锋利对鳄鱼很重要。许多动物的牙齿在长成后不会更换，终其一生。而鳄鱼却不同，它们的旧牙会定期脱落，长出新牙。

鳄鱼流眼泪是因为伤心吗?

呜呜~~
你太好吃了~~
呜呜~~

鳄鱼是两栖动物,不仅样貌丑陋,而且还生性凶残。它们的食谱很广泛,很多食物都榜上有名呢!让人不解的是,鳄鱼在捕获小动物时会流出眼泪,难道鳄鱼真的很善良吗?在吃小动物的时候会感到伤心吗?

其实,我们都被鳄鱼的演技骗了,它流出来的不是眼泪,而是在利用泪腺排出多余的盐分,使自己身体内的盐分保持均衡。由于鳄鱼的泪腺长在眼睛的周围,所以人们就以为它在流泪,其实,这是鳄鱼的正常生理现象哦。

为什么鲤鱼喜欢 "跳龙门" ?

小朋友们,你们还记得《小鲤鱼历险记》中的泡泡吗?泡泡是条小鲤鱼,它和小伙伴们一起跳过了龙门。在现实中,也有"鲤鱼跳龙门"的说法。鲤鱼很喜欢跳跃,有的甚至能跳出水面1米多高。那么,鲤鱼为什么喜欢"跳龙门"呢?

科学家经过观察发现,每当鲤鱼遇到危险或是障碍时,它们总会跳出水面。在繁殖的季节,鲤鱼体内会产生一种刺激神经的物质,这种物质让鲤鱼变得兴奋,也会不由自主地跳跃呢!通过跳跃撞击彼此的身体,才能产下卵。

怎么样?这下知道鲤鱼"跳龙门"的秘密了吧。其实,自然界中还有许多同鲤鱼一样爱跳跃的鱼呢!

智慧大本营

有一种叫作"跳白"的捕获鲤鱼的方法,即在船底部涂上白色,在船上点一盏灯,灯光照在水面上。白色的船底就会将灯光反射到水底,鲤鱼由于受到惊吓就会跳到船上。